„EIN SATZ MIT X …"

© Verena Neuhaus

Alles dunkel. Festplatte leer. So ging es mir vor rund 25 Jahren in einem meiner ersten Vorstellungsgespräche im Anschluss an mein Studium. Der offizielle Teil mit dem Abteilungsleiter war bereits vorbei und ich hatte ein gutes Gefühl. Dann lernte ich die potenziellen neuen Kolleg:innen kennen. Ein leitender Mitarbeiter fragte mich, was das Thema meiner Magisterarbeit gewesen sei. Ich suchte verzweifelt in meinem Kopf nach der Antwort, aber mir war, als starrte ich in ein schwarzes Loch. Nicht der kleinste Gedankenblitz durchdrang diese Dunkelheit. Eine unangenehme Pause entstand. Schließlich sagte ich, ich sei so aufgeregt gewesen vor dem Gespräch und wüsste es jetzt gerade einfach nicht. Das Thema der Arbeit, an der ich das letzte halbe Jahr geschrieben hatte! Niemand durchbrach die peinliche Stille, niemand holte mich aus der Situation, alle schauten pikiert in die Runde. „Wir melden uns!"

Es ist keine Überraschung, dass ich die Stelle nicht bekommen habe. Das Erlebnis begleitete mich noch lange, denn ich hatte erstmals die Erfahrung gemacht, dass ich mich nicht in allen Situationen auf meinen Verstand oder mein Glück verlassen kann. Aber: Ich bin da lebend rausgekommen. Jeder noch so schreckliche oder peinliche Augenblick geht vorbei, und danach geht es weiter. Wer weiß, wie alles verlaufen wäre, wenn ich damals souverän geantwortet hätte! Wahrscheinlich würde es dieses Editorial und vieles andere Gute in meinem Leben ohne diesen Blackout nicht geben.

Aus Fehlern lernen wir. Diese banale Weisheit gilt für alle Menschen ab dem ersten Lebenstag. Wie viele Fehlversuche haben Sie gebraucht, bis Sie eine Schleife binden konnten? Haben Sie auf Anhieb die Führerscheinprüfung bestanden? Und sicher wissen Sie, wie weh es tut, wenn man sich in einem Menschen täuscht!

Über sein Scheitern offen zu sprechen, war vor wenigen Jahren noch verpönt. Wir wollten es lange vor der Pandemie schon einmal zum Heftthema erklären, was daran *gescheitert* ist, dass sich niemand finden ließ, der mutig über eigene Fehlschläge berichten wollte. Langsam geändert hat sich die Fehlerkultur beispielsweise mit dem Konzept der *Fuckup-Nights*. Drei bis vier Speaker:innen erzählen je ca. 7–10 Minuten von ihrem eigenen beruflichen Scheitern. Es geht nicht dabei um Selbstmitleid, sondern um Offenheit, Humor und Erkenntnisse. Oft folgt eine Fragerunde oder Diskussion mit dem Publikum.

Wer scheitert, hat etwas gewagt. Hat in guter Absicht versucht, etwas zu verändern. Eine Vision zum Leben erweckt. Scheitern ist nicht das Ende einer Geschichte, sondern oft der Anfang einer besseren. In vielen Unternehmen hat man das erkannt und fragt nach: *Was hast du daraus gelernt?* Die besten Ideen entstehen nämlich oft dort, wo zuvor etwas nicht funktioniert hat.

Wir brauchen Räume, in denen Scheitern erlaubt ist (das gilt unbedingt auch für die Schule!). Wir brauchen eine Kultur, in der man sagt: *Ich hab's versucht – und es ging daneben.* Und das ist okay.

Herzlichst

IN DIESEM HEFT

03 | 2025

TITEL

44 Die Kraft der Emotionen im Coachingprozess

70 Die Ideengeschichte des Unbewussten

74 Byron Katie: Lieben, was ist

THEMEN UND PRAXIS

COACHINGIMPULSE

SERVICE

MOMENTAUFNAHME

© Elena Ternovaja

„Versöhnung ist die einzige Lösung, mit der du gut gesund werden kannst und alt werden kannst und auch versöhnt bist mit dir selber."

Cordula Stratmann, Comedienne und Familientherapeutin, im Podcast „Hotel Matze".

„Ich glaube, dass wir heute ein ‚Yes We Can' mit einem attraktiven Ziel brauchen."

Der Autor Johannes Hillje über sein Buch *Mehr Emotionen wagen*, in dem er dafür plädiert, Angst, Hoffnung und Wut nicht dem Populismus zu überlassen. Frankfurter Rundschau, 07.04.2025

„Der Skinny-Trend durch Abnehmspritzen ist ein Gewinn für das Patriarchat ... Es ist eine Form von Gewalt, uns konstant das Gefühl zu geben, dass wir nicht richtig sind."

Meldie Michelberger, Aktivistin, im Gespräch mit editionf_com

„Ich kann Misserfolge akzeptieren. Jeder scheitert irgendwann. Aber was ich nicht akzeptieren kann, ist, es gar nicht erst versucht zu haben."

Michael Jordan

INTERVIEW

© privat

Von der Kritikerin zur Verbündeten

„Ich lebe schon lange nicht mehr bei meiner Mutter, aber sie lebt in meinem Kopf": Die innere Stimme unserer Mutterfigur prägt unser Selbstbild und Verhalten. Die Psychologin Nadiya Kroshka hat ein Buch darüber geschrieben, wie wir sie zum Positiven verändern und unsere Glaubenssätze umgestalten können.

■ Wie würden Sie die „innere Mutter" in einfachen Worten erklären?
Die innere Mutter ist wie eine innere Stimme oder Haltung, die wir aus unseren frühen Erfahrungen mit unserer tatsächlichen Mutter oder einer wichtigen Bezugsperson entwickelt haben. Sie lebt sozusagen in uns weiter, auch wenn wir erwachsen sind. Manchmal ist sie wohlwollend, manchmal erleben Sie sie als innere Kritikerin.

■ Warum fällt es vielen so schwer, diese kritische innere Stimme zu hinterfragen oder zu verändern?
Das Problem ist, dass diese Stimme in uns unbewusst wirkt. Wir speichern zwar unsere frühen Beziehungserfahrungen, sind uns aber nicht immer darüber im Klaren, wer aus uns spricht. Wenn es unbewusst ist, kann ich es nicht greifen – das ist ja der Sinn des Unbewussten. Deshalb ist es wichtig, sich dieser Stimmen und Einflüsse bewusst zu machen und darüber nachzudenken. Wo kommt das her? Woher kenne ich das? Was bedeutet das eigentlich? Ist das auch wirklich meine Haltung? Möchte ich das so beibehalten oder schadet es mir?

■ Wie wirken sich frühe Mutter-Botschaften auf unser Selbstbild aus?
Frühe Beziehungserfahrungen mit der Mutter – oder anderen wichtigen Bezugspersonen – prägen unser Selbstbild und unser Grundgefühl gegenüber uns selbst und der Welt. Wenn wir in der Kindheit Wärme, Unterstützung und Ermutigung erlebt haben, entwickeln wir meist ein positives Selbstwertgefühl. Wir glauben dann, dass wir in Ordnung sind, dass wir Fehler machen dürfen, dass andere wohlwollend sind und dass Hilfe verfügbar ist. Das schafft innere Sicherheit und Vertrauen ins Leben.
Andersherum können Erfahrungen von Ablehnung, emotionaler Kälte oder Vernachlässigung dazu führen, dass wir uns selbst als wertlos, unsicher oder nicht liebenswert erleben. Wir zweifeln an uns, haben Angst vor Fehlern und trauen uns weniger zu.Diese frühen Botschaften wirken oft tief und unbewusst – sie können uns im Leben hemmen oder innerlich „beflügeln", je nachdem, wie unterstützend oder verletzend sie waren.

■ Was wünschen Sie Ihren Leser:innen nach der Lektüre?
Ich wünsche mir, dass Leser:innen nach der Lektüre mit mehr Mitgefühl auf sich selbst blicken. Dass sie liebevoller mit sich umgehen, ihre eigenen Bedürfnisse ernster nehmen und ihre Grenzen besser spüren. Ich hoffe, sie erkennen, dass sie nicht perfekt sein müssen, um wertvoll zu sein. Vor allem wünsche ich ihnen das Gefühl, freier atmen zu können – ein Stück alten Ballast loszulassen und sich mutiger, sicherer und lebendiger im eigenen Leben zu bewegen.

Nadiya Kroshka: Deine innere Mutter. Wie du lernst, dir das zu geben, was du brauchst. Schattauer, Stuttgart. Erscheint am 12. Juli 2025.

DENKMALANDERS

PK x Sandra Brauer: Fehler im Coaching – Last oder Lernchance?

Kennst du das? Da ist dieser Berg an Aufgaben, vor allem dieses eine große To-Do. Und wir finden immer wieder Gründe, warum wir aufschieben oder „prokrastinieren". Was, wenn das Ergebnis nicht unseren oder den Erwartungen anderer entspricht? Dann lieber fix noch die Spülmaschine anstellen und den Müll rausbringen. Wir fühlen uns kurzfristig gut – wir haben etwas Produktives geschafft! Doch dann wird der Zeitdruck größer und irgendwann, nach vielen Ablenkungen, widmen wir uns der großen Aufgabe. Sei es die Online-Kurs-Produktion oder die Einkommenssteuererklärung – wir merken, es ist gar nicht so schlimm. Wir kommen gut voran und es macht sogar ein bisschen Spaß. **Unser Wissen und unsere Erfahrung reichen aus.**

Prokrastination ist meist ein Ausdruck innerer Ambivalenz – nicht von Faulheit. Häufig überlagern sich psychische, soziale und strukturelle Aspekte und schaffen eine Dynamik, aus der allein „mit mehr Disziplin" kaum ein Ausweg gelingt.

Einladung zur Reflexion

In der systemischen Beratung, im Coaching geht es nicht darum, das Verhalten „wegzumachen", sondern es als sinnhaften Ausdruck zu verstehen: Welche Funktion erfüllt das Aufschieben aktuell? Was würde sich verändern, wenn es wegfiele?

Statt dagegen anzukämpfen, kann es hilfreich sein, mit ihm in Kontakt zu treten. Fragen wie:

- Was vermeide ich gerade – und welchen Nutzen hat dies für mich?
- Was brauche ich, um anfangen zu können?
- Was wäre ein wirklich kleiner erster Schritt?
- Welche inneren Stimmen wirken gerade mit – und welche darf ich leiser drehen?

Kleine Rituale, klare Strukturen oder bewusste Pausen können ebenfalls unterstützen. Wichtig ist: Es geht nicht um Selbstoptimierung, sondern um Selbstwahrnehmung, -akzeptanz und -fürsorge.

Sandra Brauer ist Diplom-Kauffrau und seit 2017 selbstständig als Systemische Beraterin (DGSF-zertifiziert), Stressmanagement-Trainerin und Prozessbegleiterin in der digitalen Transformation.
www.sandrabrauer.de

KRAFTSTOFF ////////////

Selbstliebe und Selbstfürsorge für Coaches von Karin Kiesele

Mehr als nur nass: Warum Wasser uns rundum guttut

„Ich kann nicht mehr!" – es gibt Tage, da scheint meine Energie schlicht verdunstet. Mein Kopf ist leer, der Körper schwer und die Gedanken schwirren ziellos durch den Raum. Ganz gleich, ob ich physisch oder geistig erschöpft bin – irgendwann frage ich mich sorgenvoll: Wie fülle ich diesen inneren Tank wieder auf? Die Antwort darauf habe ich eher zufällig entdeckt, in dem ich einfach meinem Bedürfnis gefolgt bin. Bis heute zieht es mich dann immer wieder ans Wasser.

Wasser hält uns nicht nur am Leben, sondern bringt uns seelisch und geistig wieder ins Gleichgewicht. Trinken wir zu wenig, laufen die biochemischen Reaktionen in unseren Zellen langsamer. Ein Schluck Wasser, und wir nehmen wieder Fahrt auf.

Ist der Kopf voller To-dos und die Gedanken brauen sich zu einem Gewitter zusammen, dann kann allein der Blick auf sanft fließendes Wasser Wunder wirken. Fühlt sich der Geist leer und schwer, haucht uns das sanfte Plätschern eines Baches oder Sees neues Leben ein. Wasser versetzt uns in einen leicht meditativen Zustand: Die Ruhe des Wassers überträgt sich auf uns.

Es muss nicht immer der weite Ozean sein. Auch das Eintauchen in die heimische Badewanne ist ein kleines Ritual der Selbstfürsorge. Die Entspannung, die dadurch entsteht, sorgt für eine tiefe Regeneration, die uns auf mentaler und körperlicher Ebene wieder in die Balance bringt. Während das Wasser den Körper umhüllt, kann unser Geist sich erholen und neu ordnen.

Wenn Sie sich das nächste Mal mies fühlen und Ihr Energielevel gegen null geht – trinken Sie bewusst einen Schluck Wasser oder setzen Sie sich an einen Springbrunnen, bis sich Ihr Leben wieder mehr im Fluss anfühlt.

www.karin-kiesele.de

ERZIEHUNG

Geteilte Aufmerksamkeit

Eltern, die oft am Smartphone hängen, können – meist unbewusst – die Entwicklung ihrer Kinder beeinträchtigen. Eine neue Studie zeigt: Schon das kurze Checken von Nachrichten kann negative Folgen haben. Im Alltag sieht man es oft in Restaurants oder auf Spielplätzen: Etwa die Hälfte der Eltern ist mit dem Handy beschäftigt, während ihre Kinder um Aufmerksamkeit betteln. Forschende der University of Wollongong werteten 21 Studien mit knapp 15.000 Teilnehmer:innen aus und fanden: Häufige digitale Ablenkung – sogenannte „Technoferenz" – kann bei Kindern unter fünf Jahren zu kognitiven, emotionalen und sozialen Problemen führen. Auch Verhaltensauffälligkeiten und eine schwächere Eltern-Kind-Bindung wurden beobachtet. Zudem verbringen betroffene Kinder oft selbst mehr Zeit vor Bildschirmen. Dies ist mit einem erhöhten Risiko für eine spätere Mediensucht verbunden. Die Effekte waren zwar meist gering, aber statistisch signifikant und in fast allen Bereichen messbar.

Die Metaanalyse ergab, dass besonders häufige Unterbrechungen in der Interaktion durch Smartphones mit einer verminderten sprachlichen Entwicklung bei Kleinkindern korrelieren. Auch die emotionale Feinfühligkeit der Eltern gegenüber den Bedürfnissen ihres Kindes kann durch Technoferenz spürbar abnehmen.

▸ doi:10.1001/jamapediatrics.2025.0682

ARBEITSWELT

Entfremdung vom Job

Die emotionale Bindung von Beschäftigten an ihre Arbeitgeber in Deutschland ist auf einem historischen Tiefstand. Laut dem aktuellen Gallup Engagement Index fühlen sich nur noch neun Prozent stark mit ihrem Unternehmen verbunden – fünf Prozentpunkte weniger als im Vorjahr. Gleichzeitig geben 78 Prozent der rund 1.700 Befragten an, nur eine geringe Bindung zu empfinden – ein Anstieg um elf Punkte. Das entspricht fast zwei Millionen weniger emotional gebundenen Beschäftigten als 2023. Erfreulich ist: Der Anteil der innerlich gekündigten Mitarbeitenden ist von 19 auf 13 Prozent gesunken. „Unternehmen gelingt es zunehmend, Demotivation gezielt entgegenzuwirken", sagt Marco Nink von Gallup. Doch gerade stark gebundene Mitarbeitende geraten dabei aus dem Blick – Führung bleibt oft reaktiv statt fördernd. Auch die Wechselbereitschaft wächst: Nur noch die Hälfte der Beschäftigten möchte in einem Jahr sicher noch im aktuellen Unternehmen arbeiten (2023: 53 %). Steigende Erwartungen, Flexibilisierung und Fachkräftemangel erhöhen den Druck auf Unternehmen, Bindung aktiv zu gestalten.

Erfahren Mitarbeitende Anerkennung und Wertschätzung, empfinden sie ihr Arbeitsumfeld als angenehmer und bleiben dem Unternehmen eher treu. Auch die Förderung durch Weiterbildung, klare Aufstiegschancen und gezielte Karriereplanung stärken die emotionale Bindung. Flexible Arbeitszeiten sind ein weiterer Pluspunkt.

▸ www.gallup.com

PEN & BRAIN

PODCAST-TIPP

Leise Ladies

Tiziana Bruno ist Führungskräftetrainerin und Coach. Ihr Podcast richtet sich an Frauen, die an ihrer Persönlichkeit arbeiten und sichtbarer werden möchten, ohne sich dabei zu verstellen. Die Folgen drehen sich u.a. um Selbstvertrauen, People Pleasing, Machtspiele, Scheitern, Loslassen, Perfektionismus … Bruno interviewt gelegentlich Coaching-Kolleginnen, erzählt aber auch aus eigener Erfahrung. Einfühlsam gibt sie Tipps, wie Frauen im beruflichen Kontext stärker und überzeugender auftreten können.

ROSENBERGS WEISHEIT

„Was wäre, wenn du all deine Andersartigkeit und deine Schwäche und Unsicherheit offen zeigen würdest, ohne dabei deine Selbstachtung in Frage zu stellen?“

Marshall B. Rosenberg (1934–2015), Begründer der Gewaltfreien Kommunikation, betonte, wie entscheidend unsere Sprache für die Fähigkeit ist, einfühlsam zu bleiben.

46 %

der unter 25-jährigen Erwachsenen fühlen sich in Online-Chats sicherer als in persönlichen Treffen.

▸ Quelle: AXA Mental Health Report 2025

NICHT PERFEKT, SONDERN MENSCHLICH

Wo Menschen scheitern, entsteht Raum für Entwicklung.

VON **KARIN KIESELE**

Scheitern wir, kratzt das am Selbstbild, zerschießt Ziele, stellt Gewissheiten infrage. Dabei ist Scheitern kein Sonderfall, sondern eine Erfahrung, die jedem Menschen früher oder später begegnet – ungeachtet von Herkunft, Haltung oder Habitus. Scheitern ist menschlich. Vielleicht ist es sogar eine der menschlichsten Erfahrungen überhaupt.

Scheitern – Schattenseite des Strebens

Der Moment des Scheiterns fühlt sich an wie ein krasser Schlag in den Bauch: Uns stockt der Atem, unwillkürlich halten wir die Luft an. Die Muskeln verkrampfen sich. Instinktiv ziehen wir die Schultern hoch und unser Nacken wird steif – fast so, als wolle sich unser Körper in sich selbst zurückziehen. Unser unermüdliches Herz gerät aus dem Takt und verliert die Orientierung, weil es kurz vergessen hat, wie es schlagen soll. Heiß schießen Blut und Scham in unseren Kopf, doch gleichzeitig friert unser Körper von innen heraus. Die Gedanken rasen, dann wieder geraten sie ins Stocken. Und da ist dieses dumpfe, lähmende Gefühl – als wäre unser Verstand kurz in einem zähen, grauen Nebel hängen geblieben. Selbstzweifel kriechen durch die feinen Risse unserer Wahrnehmung. Wir fühlen uns ausgehöhlt und leer.

Scheitern ist mehr als ein mentales oder emotionales Ereignis – es durchdringt Körper und Geist und hinterlässt merklich Spuren. Irgendwann atmen wir dann notgedrungen weiter – flach und vorsichtig, wir trauen uns kaum, Luft zu holen.

Da, wo einst Hoffnung war, entzündet sich ein schmerzendes, hohles Pochen. Immer wieder spulen sich vor unserem inneren Auge dieselben Szenen ab und wir fragen uns: Was ist falsch gelaufen, was hätten wir tun können? Der unerhörte Lärm in unserem Inneren macht es uns schwer, klare Gedanken zu fassen. Scheitern ist unbequem, ungewollt, unangenehm – und gleichzeitig unvermeidlich, das zeigen die folgenden bitteren Belege des Scheiterns, die wir alle schon einmal erlebt haben.

Kein Aha-Moment ohne Umwege

Bevor Scheitern zur Chance werden kann, versinken wir zunächst in Schmerz, Scham und Schweigen. Denn Fehlschläge klingen vor allem nach Fallhöhe und Versagen. Doch jedes Mal, wenn etwas nicht klappt, haben wir die Chance, Geplantes und Getanes zu überdenken, neue Wege zu gehen und letztendlich besser zu werden. Im Scheitern liegt die Einladung, mutig weiterzumachen. Scheitern macht uns wach, ehrlich, lebendig. Es bricht uns auf, manchmal brechen wir auch zusammen – aber es bietet uns immer die Gelegenheit, neu zu beginnen, bewusster zu leben, tiefer zu verstehen.

Dort, wo etwas misslingt, entsteht Raum für Reflexion, Wachstum, Neubeginn. Es ist die Zeit, in der das Neue den Mut sammelt, erneut ans Licht zu drängen. Scheitern ist niemals das Ende, denn es eröffnet stets neue Möglichkeiten, wenn wir uns wieder aufraffen. Denken wir an all die Erfindungen, die es nur gibt, weil jemand vorher gescheitert ist.

Scheitern im Kleinen und im Großen

Machen wir uns bewusst: Scheitern ist kein singuläres Ereignis, sondern ein Spektrum. Es reicht vom kleinen Missgeschick bis zur existenziellen Krise.

- **Backen:** Der Kuchen misslingt – für die einen eine Kleinigkeit, für die anderen Sinnbild enttäuschter Erwartungen und Hoffnungen.
- **Balance halten:** Ein manchmal halsbrecherischer Akt zwischen Beruf und Privatleben, Pflicht und Passion, zwischen Selbstverwirklichung und Selbstfürsorge.
- **Beziehungen:** Freundschaften, Familienbande, romantische Verbindungen – sie sind zerbrechlich, verletzlich, oft komplex und manchmal zum Scheitern verurteilt.
- **Bildung:** Wenn Versagensangst auf Leistungsdruck trifft, dann bestehen wir Prüfungen nicht oder brechen Studiengänge ab und fühlen uns als Versager:innen.
- **Bühnenangst:** Viele Menschen haben lähmendes Lampenfieber und quälende Angst zu scheitern, noch bevor sie überhaupt antreten.
- **Bankrott:** Wer finanziell scheitert, ist mit den Stigmata der Unfähigkeit und Verantwortungslosigkeit gebrandmarkt.
- **Burnout:** Wenn der Wunsch zu leisten Geist und Körper erschöpft, dann fühlen wir uns, als hätten wir versagt.
- **Brüche im Lebenslauf:** Arbeitslosigkeit, Auszeiten, gescheiterte Projekte, geplatzte Träume sind Narben auf der Seele, die uns tief verunsichern.
- **Bedeutungsverlust:** Wenn Ideale verblassen und das, was einst Sinn gab, leer erscheint, fragen wir uns, ob wir gescheitert sind.
- **Bewegungslosigkeit:** Scheitern am eigenen Anspruch, sich weiterzuentwickeln, stellt oft nicht den Anspruch, sondern uns selbst infrage.

Die Schönheit des Scheiterns

Statt Fehler als persönliches Versagen zu betrachten, sollten wir sie hingegen als wertvolle Informationsquelle sehen. Jeder Misserfolg zeigt auf, wo Annahmen falsch waren, wo Prozesse nicht funktionierten oder wo äußere Umstände anders als erwartet eintraten. Werden Risiken vermieden, ist das der ideale Nährboden für Stillstand – beruflich und privat. Wer für seine Fehler verurteilt wird, hat Angst vorm Scheitern, wird defensive Entscheidungen treffen und unnötige Kompromisse eingehen. In einer Welt, die zunehmend komplexer und unvorhersehbarer wird, ist es ohnehin inzwischen illusorisch zu glauben, dass ein Vorhaben oder eine Entscheidung überhaupt perfekt geplant oder durchdacht sein können.

In diesem Licht betrachtet, ist Scheitern der Schlüssel zu echtem Wachstum, denn Fehler sind die versteckten Abzweigungen, die uns zeigen, wo genau wir anders abbiegen müssen. Begreifen wir Scheitern als Indikator für Mut – den Mut, Verantwortung zu übernehmen, neue Wege zu gehen und sich auf das Unbekannte einzulassen! Darin liegt für mich die verborgene Schönheit des Scheiterns.

> *„I have not failed. I've just found 10.000 ways that won't work."*
>
> *Thomas Edison*
>
> Die Glühbirne veränderte die Welt – doch der Weg dorthin war gepflastert mit Fehlschlägen. Es heißt, rund zehntausend Mal scheiterte Thomas Edison, bevor ihm der Durchbruch gelang. Während sein Team längst den Mut verlor, blieb er standhaft: „Genie ist ein Prozent Inspiration und neunundneunzig Prozent Transpiration." Edison wertete jeden Fehlversuch nicht als Rückschlag, sondern als Fortschritt. Schließlich entdeckte er den Kohlenstofffaden, der stabil und ausdauernd glühte. „Ich habe nicht versagt", sagte er später, „ich habe nur 10.000 Wege gefunden, wie es nicht funktioniert." Wer versagt, ist oft näher am Ziel, als er glaubt.

Kaizen: Gestalten und Verändern in kleinen Schritten

Ein Konzept, das eine lösungsorientierte Haltung zu Fehlern vermittelt, ist Kaizen – die japanische Philosophie der kontinuierlichen Verbesserung. Kaizen basiert auf der Idee, dass kein Prozess von Anfang an perfekt sein kann – Fortschritt entsteht durch iterative Verbesserungen. Fehler sind keine Rückschläge, sondern Erkenntnisse. Sie zeigen, wo Optimierungspotenzial liegt. Auch Entscheidungen müssen nicht perfekt sein. Legen wir den Fokus auf Anpassungsfähigkeit, dann ist es gar nicht erstrebenswert, gleich alles richtig zu machen. Vielmehr geht es darum, sich kontinuierlich zu verbessern.

Dieses Prinzip ist bis heute in der japanischen Gesellschaft und vielen erfolgreichen Unternehmen tief verankert.

Toyota beispielsweise setzt Kaizen konsequent ein und betrachtet Fehler nicht als Katastrophe, sondern als Chance zur Prozessoptimierung. Führungskräfte werden ermutigt, Mängel offen anzusprechen und gemeinsam Lösungen zu entwickeln. Statt Perfektion zu erwarten, geht es darum, sich stetig weiterzuentwickeln, Schritt für Schritt kleine Anpassungen vorzunehmen und aus Rückschlägen zu lernen. Auch wir können einen Kulturwandel einleiten, indem wir eigene und fremde Fehler als Lernchancen begreifen.

Wir sind heute mehr und mehr aufgerufen, die Angst vorm Scheitern nicht nur für uns selbst zu überwinden, sondern auch in unserem Umfeld eine neue Fehlerkultur zu etablieren. Nehmen wir Fehler als Hinweise darauf, was es noch zu berücksichtigen gilt, dann vermitteln wir uns selbst und den Menschen um uns herum Stärke und Sicherheit. Das wiederum erschafft ein Miteinander, in dem Menschen keine Angst haben, Ideen zu äußern, neue Dinge auszuprobieren und über sich hinauszuwachsen.

Nicht Fehler sind das Problem, sondern der Umgang mit ihnen

Der Schlüssel dazu liegt im Perspektivwechsel: Wer nach dem Prinzip des Kaizen stetige Verbesserung anstrebt, erkennt Fehler als wertvolle Erkenntnisquelle. Denn wahre Stärke zeigt sich nicht darin, niemals zu fallen, sondern darin, jedes Mal wieder aufzustehen. Mit neuem Wissen, neuen Perspektiven und einer besseren Strategie für die Zukunft.

Der britische Sänger und Entertainer Robbie Williams, der zunächst mit der Boyband Take That berühmt wurde, startete später eine erfolgreiche Solokarriere. Vor den Augen der Öffentlichkeit ist er mehrfach gescheitert und hat dies nie verleugnet. In der Netflix-Dokumentation „How to Be a Popstar“ sprach er offen über seine Kämpfe mit Ruhm, Sucht und innerer Leere. Er schilderte, wie sehr ihn das „Gefallenwollen“ und die permanente Selbstinszenierung belasteten. Bis heute spricht Williams offen über seine Ängste und Depressionen – und seine Fans stehen ihm treu zur Seite.

Ein konstruktiver Umgang mit Fehlern bringt gleich mehrere Vorteile mit sich:

Klarheit und Ehrlichkeit: Wer sich eingesteht, dass er falsch lag, kann Kurskorrekturen vornehmen, anstatt an einem Irrtum festzuhalten.

Resilienz: Wer sich selbst erlaubt, zu scheitern, bleibt auch in Krisenzeiten handlungsfähig und wächst an Herausforderungen.

Vorbildfunktion: Menschen orientieren sich an authentischen Personen. Wer offen über eigene Fehlentscheidungen spricht, fördert eine lernende Unternehmenskultur.

Kreativität und Innovation: Ohne das Risiko des Scheiterns gibt es keine bahnbrechenden Ideen. Nur wer wagt, gewinnt.

Verletzlichkeit als Grundlage für emotionale Nähe und tiefe Beziehungen

Menschen fühlen sich zu denen hingezogen, die ihre Verletzlichkeit nicht verstecken, weil es eine Einladung ist, auch die eigenen inneren Welten zu teilen. Verwundbarkeit und Nähe hängen eng zusammen. Begegnen wir uns offen und authentisch, fördert dies das Gefühl von Vertrautheit und Zugehörigkeit. Bereits vor Jahrzehnten untersuchte John Bowlby mit seinem Team, wie zwischenmenschliche Nähe und emotionale Sicherheit durch das Zeigen von Verletzlichkeit in frühen Beziehungen entstehen.

Brené Browns TED Talk „The Power of Vulnerability“ hat seit 2011 mit mehr als 23 Millionen Aufrufen auf YouTube international für Aufmerksamkeit gesorgt. Sie ist eine der führenden Forscherinnen auf dem Gebiet der Verletzlichkeit. Ihre Arbeiten zu Scham, Verwundbarkeit und Mut belegen, wie sich das Zeigen von Verletzlichkeit positiv auf Beziehungen und das Gefühl von Verbundenheit auswirkt.

Fehler machen? Unbedingt!

Fehler sind die geheime Zutat zum Erfolg – sie sind nicht das Ende der Reise, sondern oft der Anfang von etwas Größerem. Der Zauber wirkt! Das weiß ich inzwischen, denn ich beobachte an mir, dass sich durch den veränderten Fokus tatsächlich auch der Schmerz, die Scham und die Wut auf mein Scheitern in ein verträgliches Maß verwandelt haben. ■

© Carmen Y. Hoffmann

Karin Kiesele
Kommunikationswissenschaftlerin (B.A), zertifizierte Personal- und Business-Coach, zertifizierte Anwenderin der Positiven Psychologie.
www.karin-kiesele.de

Zum Weiterlesen:

Karin Kiesele:
Verbindung und Verbundenheit.
Wie wir zu uns selbst finden und tiefe Beziehungen aufbauen.
Junfermann, Paderborn 2025

SOMETIMES YOU WIN, SOMETIMES YOU LEARN

Scheitern als Lernerfahrung aus hypnosystemischer Perspektive.

VON **INA HULLMANN**

Ein kühnes Ziel, jahrelanges Training, ein Moment der Entscheidung – und dann eine Niederlage. So erging es der amerikanischen Spitzenturnerin Simone Biles (siehe Foto oben). Sie wurde und wird als Ausnahmetalent gehandelt, bereitete sich akribisch auf die Olympischen Spiele in Tokio 2020 vor. Trotz herausragender Leistungen in der Vorbereitung scheiterte sie im entscheidenden Wettkampf. Es war der psychische Druck, den sie nicht verarbeiten konnte und der sich schließlich in Form eines massiven Blackouts entlud. Der Traum vom Podium zerplatzte, und sie sah sich mit Scham, Selbstzweifeln sowie heftiger Kritik der Medien und ihrer Fans konfrontiert. Doch aus diesem vermeintlichen Tiefpunkt entwickelte sie eine neue Perspektive, die nicht nur ihre Karriere, sondern auch ihre Persönlichkeit weiterentwickelte. Wie konnte das geschehen?
Die Antwort liegt in der Art und Weise, wie wir Scheitern betrachten und damit umgehen. Der hypnosystemische Ansatz bietet dabei eine wertvolle Grundlage, um Scheitern nicht als Endpunkt, sondern als Sprungbrett für Erfolg zu verstehen.

Scheitern und Scham: Ein Tabuthema wird enttabuisiert

Scheitern ist in unserer Gesellschaft oft mit Scham behaftet. Niemand gibt gerne zu, Fehler gemacht oder ein Ziel nicht erreicht zu haben. Doch Formate wie die *Fuckup-Nights* zeigen, dass sich der Blick auf das Scheitern wandelt. Statt als Schwäche wird Scheitern zunehmend als Lernchance gesehen. Der hypnosystemische Ansatz trägt entscheidend zu dieser neuen Perspektive bei, indem er Scheitern als integralen Bestandteil des Wachstumsprozesses betrachtet.
Hypnosystemisch gesehen ist Scheitern keine Schwäche, sondern ein Ausdruck dessen, dass wir uns an die Grenzen unserer bisherigen Kompetenzen herangetastet haben. Diese Grenzen zu überschreiten, erfordert Mut und birgt die Chance, starre Denkmuster zu hinterfragen und

Hypnosystemisch gesehen ist Scheitern keine Schwäche: Wir betreten eine frische Wachstumszone.

neue Wege zu finden. Hierbei spielen unbewusste Ressourcen eine zentrale Rolle.

Das Utilisationsprinzip: Aus Schlamm erblüht der Lotus

Im hypnosystemischen Ansatz ist das Utilisationsprinzip von zentraler Bedeutung: Statt Widerstände oder Fehler zu vermeiden, werden diese als wertvolle Bestandteile des Prozesses genutzt. So wie der Lotus im Schlamm wurzelt, kann auch aus dem Scheitern etwas Wertvolles entstehen. Entscheidend ist, die Perspektive zu wechseln und die Lektionen, die im Scheitern verborgen sind, bewusst zu erkennen und zu nutzen.
Die Turnerin Simone Biles aus unserem Beispiel lernte durch ihre Niederlage, bisher unbewusste Schwachstellen zu erkennen und gezielt an ihnen zu arbeiten. Diese „Niederlage“ wurde somit zur Grundlage für ihren späteren Erfolg bei den Olympischen Spielen 2024. Die Dokumentation „Wie ein Phönix aus der Asche“ (Netflix) zeigt ihre schwerste Niederlage und wie sie damit erfolgreich umzugehen lernte.

Die Kraft der Aufmerksamkeit nutzen

Ein weiteres Schlüsselprinzip des hypnosystemischen Ansatzes ist die bewusste Steuerung der Aufmerksamkeit. Was wir fokussieren, gewinnt an Bedeutung – positiv oder negativ. Wenn uns ein Rückschlag oder eine Enttäuschung ärgert, können wir ihm seine einzige Kraft entziehen: unsere Aufmerksamkeit. Indem wir uns auf unsere Ressourcen, Möglichkeiten und die nächsten Schritte konzentrieren, entsteht Raum für Lösungen und Wachstum.
Simone Biles richtete ihren Fokus bewusst auf die mentalen Aspekte ihrer Vorbereitung und erkannte, wie sie ihr Potenzial gelassener in Wettkampfsituationen umsetzen konnte. Diese bewusste Umlenkung der Aufmerksamkeit auf ihre Ressourcen und Ziele half ihr, das Geschehene neu zu bewerten und einen konstruktiven Umgang mit Aufregung und Druck zu finden.

Problemtrancen in Lösungstrancen überführen

Häufig bleiben Menschen nach einem Scheitern in sogenannten Problemtrancen gefangen: Sie kreisen gedanklich um das, was nicht funktioniert hat, und verstärken dadurch ihre negativen Gefühle. Der hypnosystemische Ansatz bietet hier effektive Methoden, um diese Problemtrancen in Lösungstrancen zu transformieren. Dabei wird die Aufmerksamkeit gezielt auf Möglichkeiten, Ressourcen und neue Handlungsspielräume gelenkt.
Im Fall von Simone Biles bedeutete dies, dass sie ihre Niederlage als Feedback betrachtete und sich auf die Frage konzentrierte: „Was kann ich daraus lernen, um mit Druck von außen mental gelassener umzugehen?“ Diese Haltung eröffnete ihr neue Perspektiven und ermöglichte es ihr, die sportliche und mentale Leistung langfristig zu steigern.

Coaching und Scheitern: Ein neuer Fokus

Wie können Coaches Klient:innen durch Phasen des Scheiterns begleiten? Der erste Schritt ist, die emotionalen Reaktionen auf das Scheitern anzuerkennen. Gefühle wie Scham, Wut oder Enttäuschung dürfen Raum bekommen, bevor sie in positive Energie transformiert werden können.
Der hypnosystemische Ansatz hilft dabei, den Blick vom Scheitern auf das Lernen zu verschieben. Es geht darum, den Fokus auf Ressourcen und Potenziale zu legen, die oft im Schatten des Scheiterns verborgen bleiben. Durch gezielte Fragestellungen und hypnosystemische Techniken können Coaches ihren Klient:innen helfen, innere Blockaden zu lösen und neue Handlungsspielräume zu entdecken.

Im Schatten des Scheiterns liegen oft Ressourcen und Potenziale verborgen.

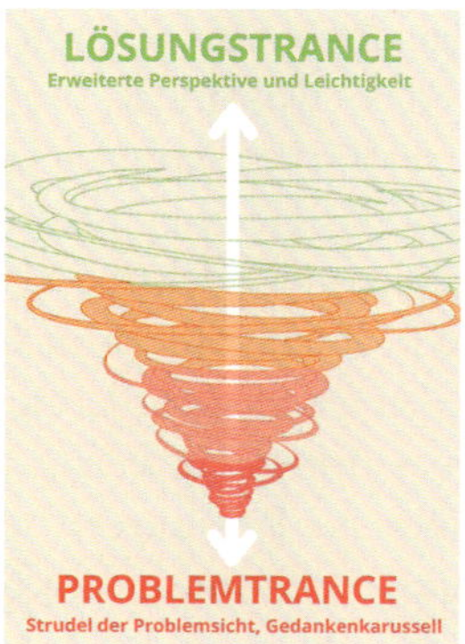

Scheitern als Sprungbrett für Erfolg

Zurück zu Simone Biles: Nach dem Schock begann sie schrittweise, auch mithilfe professioneller Begleitung, ihr Scheitern aus einer neuen Perspektive zu betrachten. Dieser Prozess ermöglichte es ihr, alte Gewohnheiten zu hinterfragen und sich für neue mentale Ansätze zu öffnen. Bei den darauffolgenden Olympischen Spielen triumphierte sie – nicht nur aufgrund physischer Stärke, sondern vor allem durch ihre neu gewonnene mentale Resilienz.
Dieser Fall zeigt eindrucksvoll, wie Scheitern zum Katalysator für Wachstum werden kann. Coaches spielen dabei eine entscheidende Rolle, indem sie ihre Klient:innen ermutigen, das Scheitern als Chance zu begreifen. Der hypnosystemische Ansatz bietet dafür ein reichhaltiges Instrumentarium, um Klient:innen zu stärken und sie auf ihrem Weg zu begleiten.

Fazit: Der Weg zum Erfolg ist nie geradlinig

Scheitern gehört zum Leben dazu. Es ist kein Makel, sondern eine wertvolle Gelegenheit, uns weiterzuentwickeln. Der hypnosystemische Ansatz hilft uns, diese Haltung zu kultivieren und das Beste aus unseren Erfahrungen zu machen.
Ob im Leistungssport, im Beruf oder im persönlichen Leben – der erste Schritt zum Erfolg ist oft das Scheitern. Entscheidend ist, was wir daraus machen. ■

© privat

Ina Hullmann ist Psychologin FSP, Autorin und Inhaberin des Hypnosystemik-Instituts IHC Schweiz. In ihrer Praxis arbeitet Ina Hullmann mit internationalem Klientel aus dem Leistungssport, aus Wirtschaft, Politik, Aviatik und Theater. Seit über einem Jahrzehnt ist sie als Autorin für den Medizin- und Wissenschaftsverlag Schattauer tätig und veröffentlichte 2023 das Fachbuch „Hypnosystemische Top-10-Tools".
www.inahullmann.com

Zum Weiterlesen:

Ina Hullmann
Hypnosystemisch wirksam
Impact-Methoden für die Praxis
Schattauer, Stuttgart 2025

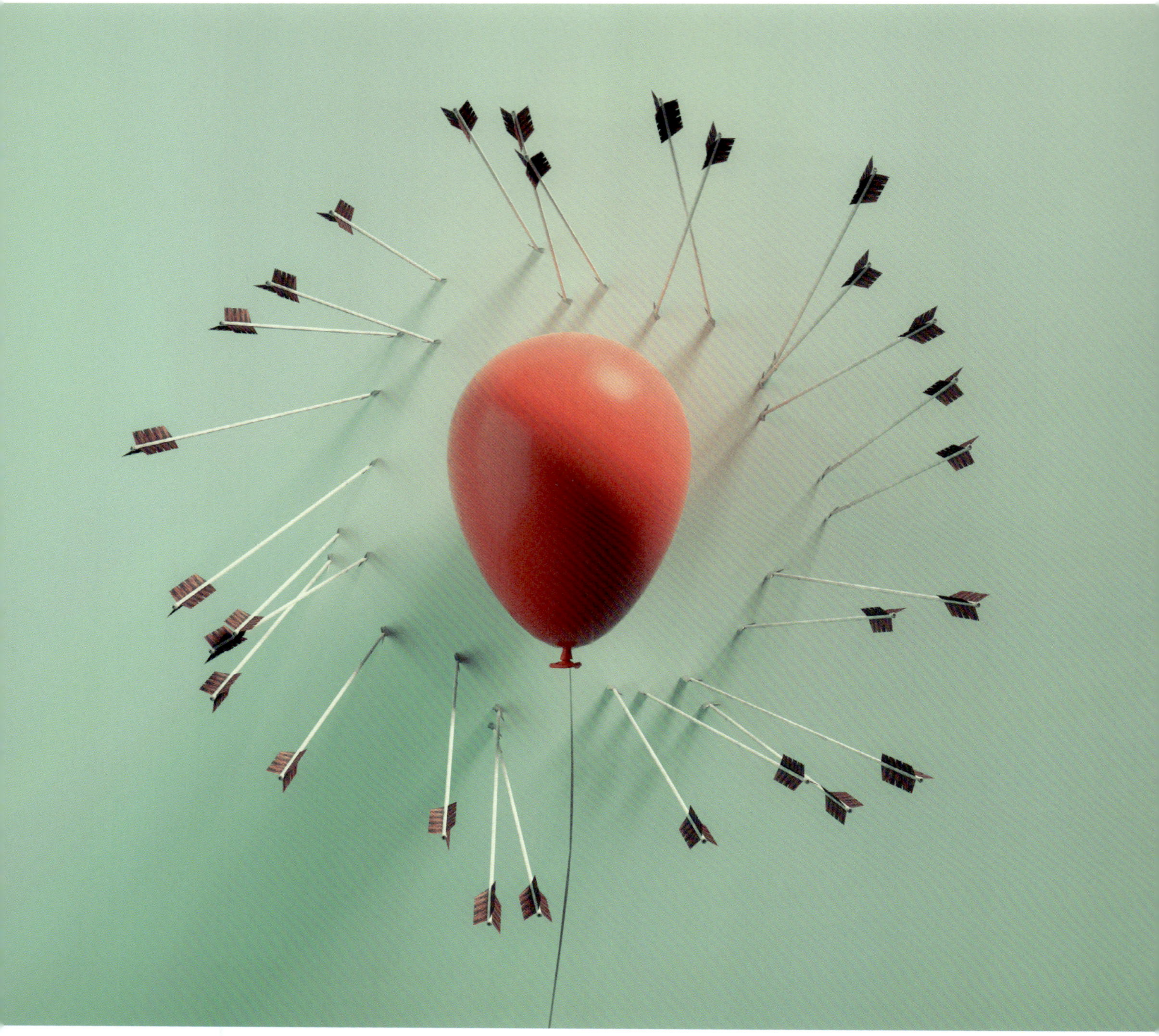

HEITER SCHEITERN

Warum Misserfolge der Anfang von etwas Gutem sein können.

VON **TIM ONG**

In der Stadt Sandwich, einem kleinen Ort im Südosten Englands, befindet sich ein Forschungsinstitut des US-amerikanischen Pharma- und Biotechnologiekonzerns Pfizer Inc. Hier wurde in den frühen 1990er-Jahren der Wirkstoff UK-92480 entwickelt. Er sollte gegen Herzbeschwerden helfen und wurde 1991 unter dem Namen *Sildenafil Citrate* zum Patent angemeldet.

Was hat das mit Scheitern zu tun?

Nun, für Sildenafil Citrate konnte letztendlich keine Wirkung gegen Herzbeschwerden nachgewiesen werden. Allerdings fiel in einigen Studienreihen auf, dass Männer nach der Einnahme vermehrt über Erektionen berichteten. Nachdem der Wirkstoff also gegen Herzbeschwerden gescheitert war, wurde aufgrund der Beobachtungen in den Testgruppen gezielt in Richtung Potenzmittel geforscht. Das Resultat: Sildenafil ist heute unter dem Handelsnamen *Viagra* weltweit bekannt.

Dieses Beispiel zeigt, dass aus einem Scheitern ein unerwarteter, manchmal sogar spektakulärer Erfolg entstehen kann. Genau darum soll es hier gehen. Einer der führenden Leadership-Coaches, John C. Maxwell, hebt in seinem Buch *Failing Forward: Turning Mistakes into Stepping Stones for Success* hervor, dass Scheitern nicht das Ende eines Prozesses ist, sondern den Anfang eines Weges markiert, der zu neuen Entdeckungen und Innovationen führen kann. Auch wenn im Alltag Scheitern häufig als etwas Negatives angesehen wird, ist es dennoch ein wesentlicher Bestandteil von Lernprozessen und trainiert unsere Anpassungs- und Problemlösungsfähigkeiten.

Erfolgsgeschichten, die erst durch ein Scheitern möglich wurden

Die Geschichte ist voll von Wendungen, bei denen sich ein Misserfolg im Nachhinein als Glücksfall von historischer Dimension herausstellte:

- **Statt einen neuen Handelsweg zu finden, einen Kontinent entdecken:** Die Hauptperson in einem Klassiker zum Thema „aus Scheitern wird Erfolg" heißt Christoph Kolumbus. Er scheiterte daran, den Seeweg nach Indien zu finden. Bei seiner Atlantiküberquerung stieß er nicht wie erwartet auf den südasiatischen Subkontinent, sondern entdeckte 1492 Amerika.
- **Aus gelbem Gold wird weißes Gold:** Bekannt ist auch die Geschichte um den Alchemisten Johann Friedrich Böttger, der im frühen 18. Jahrhundert gedrängt wurde, Gold herzustellen. Daran scheiterte er jedoch. Statt goldgelb glänzendem Metall brachten seine Experimente das erste europäische Porzellan hervor, das den Grundstein der heute weltberühmten Porzellanmanufaktur Meissen legte.
- **Eine Nachlässigkeit führt zur Entdeckung von Penicillin:** Während der Forschung zu Bakterien der Gattung Staphylokokken ließ der britische Wissenschaftler Alexander Fleming 1928 versehentlich eine infizierte Nährbodenplatte über die Sommerferien offen stehen. Bei seiner Rückkehr stellte er einen Befall durch Schimmelpilze fest. Dabei fiel ihm die bakterientötende Wirkung des Pilzes auf. Er nannte den dafür verantwortlichen Wirkstoff *Penicillin* und beschrieb ab dem folgenden Jahr seinen Effekt als erstes modernes Antibiotikum.
- **Der Superkleber, der an seiner geringen Haftkraft scheiterte:** Ein Team des Technologiekonzerns 3M war 1968 damit beschäftigt, einen Klebstoff zu entwickeln, der die Klebkraft aller bisherigen Klebstoffe übertreffen sollte. Das Ergebnis war jedoch eine Masse, die zwar haftete, aber von praktisch jedem Untergrund ohne Schwierigkeiten oder Rückstände wieder abgezogen werden konnte. Die gescheiterte Entwicklung ging ins Archiv und wurde erst über zehn Jahre später wiederentdeckt. Seit 1980 ist das Produkt unter dem Namen *Post-it* erhältlich und bis heute in nahezu jedem Büro zu finden.
- **Sie werden dich ablehnen, bevor sie dich feiern:** Das Manuskript des ersten Harry-Potter-Bandes der heutigen Erfolgsautorin J.K. Rowling wurde 1995/1996 von zwölf Verlagen abgelehnt. Rowling gab jedoch nicht auf und fand schließlich im zweiten Anlauf einen Verleger. Ein grandioser Erfolg für beide: Die Harry-Potter-Romane wurden bis heute weit über 600 Millionen Mal verkauft.

Christoph Kolumbus scheiterte daran, den Seeweg nach Indien zu finden.

Diese Liste lässt sich endlos fortsetzen und kann durch Sprichwörter wie „Aus Schaden wird man klug", „Wer nicht wagt, der nicht gewinnt" oder „Jeder Fehlschritt ist ein Schritt voran" ergänzt werden.

Sich nicht fürs Scheitern entschuldigen oder schämen

In dem Moment jedoch, in dem etwas so richtig schiefgegangen ist, hilft all das nicht weiter. Es kommt dann vielmehr darauf an, wie man mit dem Scheitern umgeht. Leider erkennen Menschen, die mit etwas gescheitert sind, darin häufig eine persönliche Schuld oder die Folge ihres „Fehlverhaltens". Sie sind dann geneigt, sich für das Scheitern zu entschuldigen oder es als Makel anzusehen, für den sie sich schämen. Folgerichtig wollen sie sich mit diesem „Schandfleck" nicht weiter beschäftigen und das Kapitel möglichst schnell abschließen.

Genau das sollte jedoch in keinem Fall geschehen. Die Psychologin Carol Dweck beschreibt in ihrem Buch *Selbstbild: Wie unser Denken Erfolge oder Niederlagen bewirkt*, dass Scheitern nicht mit einem negativen Urteil über die eigene Person gleichgesetzt werden darf. Damit das Scheitern seine zukunftsweisende Kraft entfalten kann, muss es als wertvolle Lektion verstanden werden, in der zahlreiche erfolgversprechende Hinweise stecken. Dweck spricht hier von der Notwendigkeit einer Veränderung der Denkweise. Das heißt: Unser Denken entscheidet, ob aus einem Scheitern eine Niederlage oder ein Meilenstein auf dem Weg zum Erfolg wird.

Fuckup-Nights – warum das Scheitern nicht einfach zelebrieren?

Statt am Scheitern zu resignieren, sind eine Enttabuisierung sowie ein offener

An welchem Punkt ist es schiefgegangen?

Umgang mit dem eigenen Misserfolg sinnvoll. Explizit geschieht das im Rahmen der sogenannten *Fuckup-Nights*. Dabei handelt es sich um eine Bewegung, die 2012 in Mexiko ihren Ausgang nahm. Ziel ist es, auf öffentlichen oder mittlerweile auch firmeninternen Events und Workshops eigene Misserfolge zu präsentieren. Dabei geht es nicht um eine kulturrevolutionäre öffentliche Selbstkritik, sondern im Gegenteil um die Etablierung einer Kultur, in der Fehler als Zündfunken für Innovationen und persönliche Weiterentwicklung gesehen werden. *Fuckup-Nights* finden aktuell in über 60 Ländern beziehungsweise 260 Städten statt. Außerdem haben sich mehr als 550 Unternehmen der Bewegung angeschlossen.

Den Umgang mit dem Scheitern trainieren

Aber auch im persönlichen Umgang mit dem Scheitern steckt viel Potenzial, wenn es gelingt, Strategien zu entwickeln, das Scheitern zu verarbeiten und produktiv zu nutzen. Es ist daher empfehlenswert, sich ausführlich mit dem Misserfolg zu beschäftigen und ihn als Erfahrungskapital anzusehen. In der Selbstreflexion geht es dabei darum, Fragen zu beantworten, um das Geschehen aufzuarbeiten:

- Was war mein Ziel?
- Was habe ich unternommen, um es zu erreichen?
- An welchem Punkt ist es schiefgegangen?
- Hätte ich früher eingreifen können/sollen?
- Was habe ich aus dieser Erfahrung gelernt?
- Wie kann ich mein Handeln zukünftig anpassen?

Aus dem Scheitern neue Motivation schöpfen – fünf praktische Tipps

Nicht zu vernachlässigen ist, dass Scheitern auf der persönlichen Ebene trotz seines Potenzials in der Regel mit einem Gefühl der Niedergeschlagenheit verbunden ist. Auch dem gilt es, eine Veränderung der Denkweise entgegenzustellen. Die folgenden Tipps können dabei helfen:

- Selbstwertgefühl stärken, sich selbst gegenüber positiv sein: Wer aktiv ist, muss irgendwann mit irgendetwas auch mal scheitern. Das gehört einfach dazu.
- Die Analyse des Scheiterns nicht als Krisensitzung, sondern als Kommission zur Zukunftsplanung verstehen: Es geht weiter!
- Kleinschrittig vorgehen: Selbst große Aufgaben in kleine Schritte unterteilen und Meilensteine setzen, deren Erreichen mit Erfolgserlebnissen verbunden ist.
- Einzelkämpfertum vermeiden: Wer alles allein trägt, kann auch psychisch leicht zusammenbrechen. Daher ist es besser, Verantwortungen aufzuteilen und Erfahrungen auszutauschen.
- Das Scheitern mit Humor tragen, auch wenn es mal wehtut: So wie es Reinhard Mey in seinem Lied *Warum passiert immer alles nur mir* darstellt.

Fazit und Ausblick

Tatsächlich gibt es eine gesellschaftliche Erfolgsorientierung, in der Scheitern nicht vorgesehen und negativ markiert ist. Historisch hat sich das Scheitern jedoch nur allzu oft als fundamentaler Wendepunkt und Beginn bahnbrechender Entwicklungen herausgestellt. Es gibt also gute Gründe für ein Umdenken, was die Bedeutung des Scheiterns betrifft. Dabei ist es essenziell, zu erkennen, dass der geradlinige Erfolgskurs nur selten zu Innovationen führt. Weitaus häufiger sind es die Erfahrungen aus Fehlschlägen, die Neues erst ermöglichen. Der Tipp für die Zukunft kann also nur lauten: Jeder kann und sollte sein Scheitern als Basis für Weiterentwicklung anerkennen, annehmen und daran arbeiten. **Es lohnt sich, erfolgreich zu scheitern.** ■

Hier gibt es mehr Wissenswertes zu den genannten Fuckup-Nights: https://en.fuckupnights.com

© Peony Emotions

Tim Ong ist zertifizierter Karrierecoach/-berater, Coach der Positiven Psychologie (DACH-PP), systemischer Coach und IHK-zertifizierter Resilienztrainer/-coach. Er unterstützt Menschen dabei, ihren eigenen beruflichen Weg zu entdecken und ihre persönliche Welt so zu bewegen, dass sie selbst glücklich und erfüllt auf ihr Leben zurückblicken können. **https://tim-ong.de**

WAS WÜRDE MEISTER YODA TUN?

Die Heldenreise im Coaching: Anwendung und Praxisbeispiel mit Freiwilligen in Kriseneinsätzen.

VON **ANNA BASSE**

Die Heldenreise ist ein narratives Strukturmodell, das von Joseph Campbell in seinem Werk *Der Heros in tausend Gestalten* (1949) entwickelt wurde. Es beschreibt universelle Muster, die in den Mythen, Geschichten und Entwicklungsprozessen fast aller Kulturen zu finden sind. Sehr gut sind uns die einzelnen Schritte aus Romanen und Filmen bekannt, denn Autor:innen und Filmschaffende bauen ihre Werke erfolgreich nach dieser Struktur auf.

Uns interessieren in diesem Artikel drei Aspekte: Wie ist die Heldenreise aufgebaut und welche Inhalte haben die einzelnen Prozessschritte? Ganz praktisch schauen wir dann darauf, welche wertvollen Impulse dieses Modell für Coaching- und psychologische Prozesse bietet. Deshalb erläutere ich die Heldenreise als strukturierte Methode zur Persönlichkeitsentwicklung und zeige deren praktische Anwendung in der Coachingpraxis auf. Als dritten Schwerpunkt – mit Blick auf einen besonderen Praxisfall – zeige ich auf Grundlage meiner langjährigen Erfahrung im Krisenmanagement in internationalen Unternehmen, wie die Heldenreise dabei unterstützen kann, Mitarbeiter:innen in einer Ausnahmesituation besser zu integrieren: Im Fokus stehen jene, die sich zusätzlich zu ihren Routineaufgaben für den unternehmerischen Krisenfall als Helfer:innen zur Verfügung stellen und den herausfordernden Übergang vom Alltag in den Krisenmodus und zurück bewältigen müssen.

Grundlagen der Heldenreise

Die Heldenreise ist in ihrer klassischen Form eine zyklische Struktur, die aus zwölf bis siebzehn Phasen besteht. In der praxisnahen Anwendung wird meist das zwölfstufige Modell von Christopher Vogler (*The Writer's*

Journey, 1992) genutzt. Dieses Modell lässt sich auf individuelle Entwicklungsprozesse übertragen und kann als Struktur für tiefgreifende Veränderungsarbeit dienen.

Die zwölf klassischen Phasen sind:

1. **Die gewohnte Welt:** Der Ausgangszustand, in dem die Heldin oder der Held sich vor Beginn der Reise befindet. Es herrschen Stabilität, aber oft auch Unzufriedenheit oder Unsicherheit, manchmal auch innere Leere.
2. **Der Ruf zum Abenteuer:** Ein äußeres Ereignis oder eine innere Erkenntnis fordert die Person zur Veränderung auf.
3. **Die Weigerung:** Angst oder Unsicherheit lassen die Heldin oder den Helden zunächst zögern.
4. **Die Begegnung mit dem Mentor/der Mentorin:** Eine unterstützende Figur erscheint, die Wissen, Ermutigung oder Werkzeuge bereitstellt.
5. **Das Überschreiten der ersten Schwelle:** Die Entscheidung zur Veränderung wird getroffen und die neue „Welt" betreten.
6. **Tests, Verbündete und Feinde:** Herausforderungen, Helfer:innen und Gegner:innen tauchen auf, Kooperation oder Auseinandersetzung sind notwendig, erste neue Schritte werden ausprobiert.
7. **Die tiefste Höhle:** Die Heldin oder der Held sieht sich mit der persönlich größten Herausforderung konfrontiert oder durchlebt eine Krise.
8. **Die entscheidende Prüfung:** Die Konfrontation mit der größten Angst oder dem zentralen Problem.
9. **Die Belohnung:** Eine Einsicht, ein Schatz oder eine neue Fähigkeit wird gewonnen.
10. **Der Weg zurück:** Die Rückkehr in die gewohnte Welt beginnt.
11. **Die Auferstehung:** Eine letzte Herausforderung oder Prüfung, die das Erlernte festigt.
12. **Die Rückkehr mit dem Schatz:** Die Integration des Gelernten in das normale Leben.

Welche Veränderung ruft Sie – und wie reagieren Sie darauf?

Die Heldenreise als Methode für Coaching und Psychotherapie

In Coaching- und Therapieprozessen erleben wir Klient:innen in unterschiedlichen Lebenssituationen, mit individuellen Herausforderungen und vor Veränderungsprozessen stehend, die Fragen, Unsicherheiten und Widerstände hervorrufen. Die Heldenreise hilft, diese Veränderung in eine strukturierte Erzählung zu betten und somit greifbarer zu machen.
Wenn ich eine:n Coachee mit dem Konzept der Heldenreise vertraut machen möchte, suchen wir in einem ersten Schritt gemeinsam nach einer persönlichen literarischen oder filmischen Heldenreise aus Büchern der Kindheit („Heidi", „Bibi Blocksberg", „Die drei Fragezeichen" ...) oder Jugend („Herr der Ringe" oder „Harry Potter") oder aus dem Kino („James Bond", „Star Wars", „Pretty Woman" ...). Beim Eintauchen in die gewählte Story ergibt sich niedrigschwellig die Möglichkeit, intensiv an persönliche Emotionen anzudocken und die einzelnen Phasen der Heldenreise exemplarisch vor dem geistigen Auge zu durchlaufen. Im Verlauf des Coachings können dann Figuren aus der Lieblingsgeschichte in verschiedenen Rollen – gern als Mentor:in – auftreten. So manche Erkenntnis entstand mit der Frage: „Was würde Meister Yoda jetzt tun oder empfehlen?"

Die Methode der Heldenreise hat sich bei unterschiedlichen Fragestellungen als hilfreich erwiesen:

1. Problem- und Zielanalyse

Im Coaching kann die Heldenreise genutzt werden, um den Ausgangspunkt der Klient:innen zu erkunden. Die „gewohnte Welt" repräsentiert dabei den Ist-Zustand mit all seinen unterschiedlichen Qualitäten, während der „Ruf zum Abenteuer" für das Problem oder die tatsächlich bevorstehende oder erst geplante Veränderung steht. Hier können gezielte Fragen helfen, etwa:

- Was in Ihrem Leben fühlt sich unvollständig oder herausfordernd an?
- Welche Veränderung ruft Sie – und wie reagieren Sie darauf?
- Ist die Veränderung ein Streben „weg von ..." oder „hin zu ..."?

2. Widerstände und Blockaden überwinden

Da die Erstreaktion auf Neues oft aufgrund von Sicherheitsstreben Ablehnung ist, ist die Phase der „Weigerung" nicht überraschend und durchaus typisch. Besonders Klient:innen, die sich vor Veränderung fürchten, reagieren stark. Hier kann die Arbeit mit Glaubenssätzen, Angstmanagement oder positiven Verstärkungen helfen. Die „Begegnung mit dem/der Mentor:in" kann in einem Coaching-Prozess durch die Coaches selbst verkörpert werden oder durch inspirierende Vorbilder und wohlmeinende Mitmenschen aus dem Lebensumfeld der Coachees – und nicht zu vergessen, Meister Yoda oder andere unterstützende oder bewunderte Figuren aus der oben erwähnten „persönlichen Heldenreise". Dabei lasse ich immer die Klient:innen entscheiden, welche Person oder Figur sie in dieser Phase als hilfreich empfinden, auch wenn diese auf ersten Blick überraschend „unbedeutend" erscheinen mag.

3. Transformation durch Konfrontation

Die „tiefste Höhle" und die „entscheidende Prüfung" von der ein:e Coachee

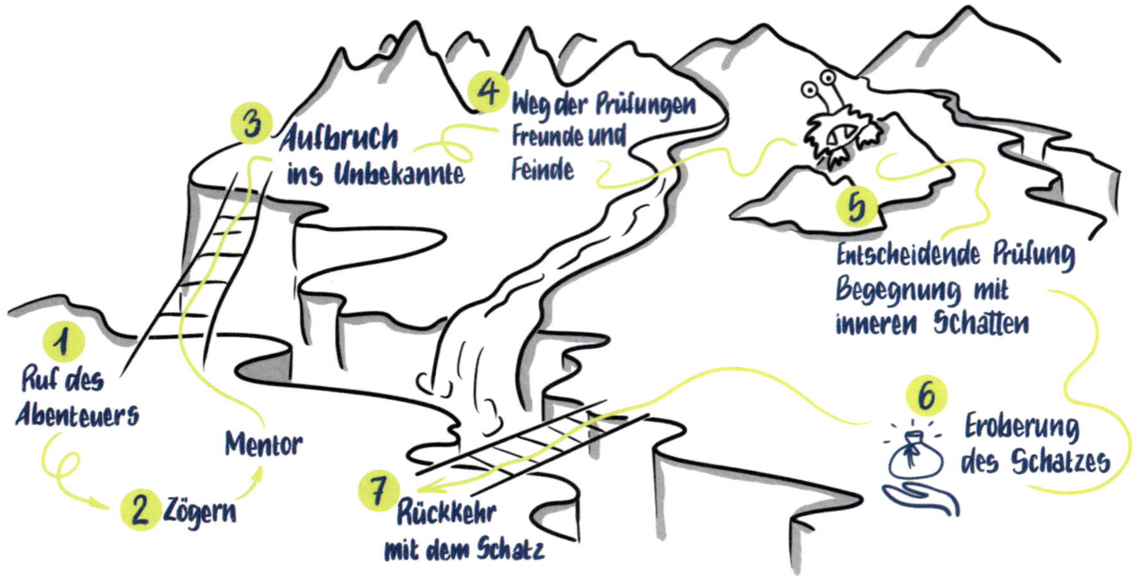

Stationen der Heldenreise. Diese vereinfachte Darstellung mit einer reduzierten Phasenanzahl nutze ich gern für die Arbeit mit Coachees. Illustration: Dagmar Ludu-Haß, www.penandbrain.de

berichtet, kann innere Konflikte oder tief verwurzelte Ängste widerspiegeln. Techniken wie kognitive Umstrukturierung, Rollenspiele (Meister Yoda nicht vergessen!) oder imaginative Verfahren können in dieser Phase unterstützen, um wieder handlungsfähig zu werden.

4. Integration und nachhaltige Veränderung

Die Rückkehr mit dem „Schatz“ entspricht der Anwendung neuer Erkenntnisse und Strategien im Alltag. Hier ist es entscheidend, Rückfallprävention und Transferstrategien zu entwickeln. Ganz besonders für Teams, die die Rückkehr eines Teammitglieds aus einer Ausnahmesituation begleiten, ist das Kennen der Heldenreise hilfreich. Denn damit wird deutlich, dass sowohl der oder die Kolleg:in als auch das Team selbst aus dieser herausfordernden Situation Erkenntnisse gewonnen haben und damit „neue Held:innen“ geworden sind. Ich denke hier an Situationen wie eine schwere Krankheit, einen Todesfall in der Familie, einen Kriseneinsatz ...

5. Sinnsuche und Lebensplanung

Die Heldenreise bietet eine hilfreiche Basis, um das eigene Lebensnarrativ zu erkennen. Im Coaching lassen sich Schritt für Schritt die einzelnen Phasen reflektieren und im Deep Dive erforschen, um im Rückblick Erkenntnisse für den eigenen Lebenssinn zu gewinnen, Mut für eine neue Heldenreise als nächste Entwicklungsstufe zu schöpfen oder Neugier auf ein weiteres „Abenteuer“ aufkeimen zu lassen.

Praktische Methoden zur Anwendung der Heldenreise

1. Narrative Gesprächsführung: Klient:innen können ermutigt werden, ihre eigene Heldenreise zu erzählen oder aufzuschreiben.
2. Symbolische Visualisierung: Das Erstellen eines Heldenreise-Diagramms (siehe Vorlage oben) kann helfen, den Prozess greifbarer zu machen.
3. Rollenspiele: Simulationen von Schlüsselphasen (z. B. die Konfrontation mit Ängsten oder Gespräche mit Mentor:innen) fördern das Durchleben der Transformation.
4. Imaginative Techniken: Visualisierungen helfen, Freunde und Feinde, Mentor:innen oder Lösungen zu entdecken und greifbar zu machen.
5. Ressourcenreflexion: Die Identifikation von „Verbündeten“ (z. B. soziale Unterstützung, innere Stärken) kann Sicherheit geben.

Die Heldenreise ist ein wertvolles Modell, das tiefgreifende Veränderungsprozesse begleiten und strukturieren kann. Sie bietet Coaches und Psycholog:innen ein kraftvolles Werkzeug, um Klient:innen bei ihrer persönlichen Entwicklung zu unterstützen, Widerstände zu überwinden und nachhaltige Transformationen zu ermöglichen. Durch kreative und interaktive Methoden kann die Heldenreise gezielt in der Praxis angewendet werden, um emotionale Blockaden zu lösen und Wachstum zu fördern.

Praxisbeispiel: Freiwillige in Kriseneinsätzen und ihre Rückkehr in den beruflichen Alltag

Während meiner langjährigen Erfahrung in der Leitung des Krisenmanagements in internationalen Unternehmen habe ich im akuten Krisenfall (beispielsweise ein Unfall oder eine Naturkatastrophe) immer wieder eine bemerkenswerte Diskrepanz zwischen der Unternehmenswahrnehmung und der Realität der Mitarbeiter:innen festgestellt:
Ein Team aus Mitarbeiter:innen mit unterschiedlichen Fähigkeiten und Sonderexpertisen bildete das „Krisenteam“, die Übrigen blieben in ihren Routineaufgaben. Beide Gruppen hatten sehr relevante Aufgaben – die

Ersteren das Management des hochkomplexen Ausnahmefalls unter maximalem Zeitdruck und emotionaler Anspannung, die anderen das genauso wichtige Sicherstellen der „Business Continuity“, die letztendlich für das Weiterbestehen des Tagesgeschäfts und damit des Unternehmens sorgt. Obwohl die Bedeutung der beiden Aufgabengebiete klar definiert und auch kommuniziert wurde, entwickelte sich eine Wahrnehmung von „Mitarbeiter:innen in zwei Klassen“. Überspitzt gesagt, teilten sie sich in die einen, die Sonderrechte, -pflichten und auch krisenrelevante Informationen hatten, diese nicht mit den anderen teilten und die als „besonders wichtig“ gesehen wurden; die anderen, die „nur weitermachten wie immer“ und damit zur „langweiligen zweiten Klasse“ gehörten.

Daraus ergaben sich nachvollziehbare Herausforderungen für die Teams und ihre Führungskräfte in den unterschiedlichen Settings: Im „Krisenteam“ waren das beispielsweise Überforderung durch Helfersyndrome, überbordende Heldenmythen, stressbedingter Alkoholmissbrauch, ungeregelte Aggression und Fehlauskünfte in der Unternehmenskommunikation. Im „Routineteam“ konnten Überforderung durch das Fehlen von Kolleg:innen im Kriseneinsatz, Ärger über die vermutete Informationsblockade seitens des Krisenteams oder Verweigerung beobachtet werden.

Führungskräfte waren ebenfalls besonders belastet: Entweder wurden sie ad hoc ins Krisenteam berufen, wodurch die Verantwortung für die Betreuung der Teams auf wenige verbleibende Führungspersonen konzentriert wurde. Oder sie gehörten zu diesen verbleibenden Führungskräften und waren gezwungen, inmitten hoher Anforderungen fachfremde Themen zu überblicken, Mitarbeiter:innen zu führen und meist ohne Rücksprachemöglichkeiten mit den Verantwortlichen weitreichende fachliche und personelle Entscheidungen zu treffen. Im Hinblick auf die Methode der Heldenreise interessiert uns nun eine besondere Situation: Es geht um jene Mitarbeiter:innen, die sich für den unternehmerischen Krisenfall als Helfer:innen angeboten hatten und entweder für wenige Tage oder sogar Wochen und Monate an ihrer ursprünglichen Position nicht zur Verfügung standen. Deren herausfordernden Transit aus der Routine in den Kriseneinsatz und zurück kann man ohne Zweifel als Heldenreise bezeichnen.

> Bin ich dieser Aufgabe gewachsen? Kann ich mit den emotionalen Belastungen umgehen?

Die Phasen der Heldenreise und ihre Anwendung

1. Die gewohnte Welt

Die Mitarbeiter:innen arbeiten in ihrem gewohnten Unternehmensumfeld mit festen Routinen und klaren Strukturen. Sie haben definierte Aufgaben und ein geregeltes Berufsleben. Im besten Fall erkennen die Krisenpläne die Fähigkeiten und Expertise der Mitarbeiter:innen an und weisen ihnen im Krisenfall eine konkrete Rolle zu. So werden die Personen in die regelmäßigen Krisenübungen einbezogen und haben die Möglichkeit einer Vorbereitung. Dies gilt auch für das Routineteam, zu dem sie gehören.

2. Der Ruf des Abenteuers

Eine Krise tritt auf, beispielsweise eine Naturkatastrophe oder ein humanitärer Notfall. In dem hier beschriebenen Fall handelte es sich um einen schwerwiegenden Unfall in einem Transportunternehmen mit einer großen Zahl von betroffenen Passagieren. Das Unternehmen ruft nun entweder Mitarbeiter:innen dazu auf, sich akut freiwillig für die Opferbetreuung zu melden, oder beruft die geschulten Mitarbeiter:innen ein. Dies stellt für jede:n Einzelne:n eine Herausforderung dar, die großen Mut, gepaart mit hoher Organisationsgabe im beruflichen und privaten Umfeld erfordert.

3. Die Weigerung

Viele Mitarbeiter:innen verspüren, wenn sie alarmiert werden, Unsicherheit oder Zweifel: Bin ich dieser Aufgabe gewachsen? Kann ich mit den emotionalen Belastungen umgehen? Es gibt Widerstände und Ängste. Dies gilt auch für die betroffenen Führungskräfte, die zusätzlich zu den hochrelevanten Alltagsthemen, mit denen sie sich beschäftigen, in der Krise die anderen kraftvoll motivieren sollen. Sie sind ebenfalls mit Entscheidungen und den dazugehörenden Emotionen konfrontiert: Was zählt mehr – mein Projekt oder diese Krise? Darf ich so egoistisch sein? Aber nach der Krise wird trotzdem nach dem Projekterfolg gefragt und beurteilt! Ich möchte doch selbst auch berufen werden – warum „darf“ ich nicht? ...

4. Begegnung mit Mentor:innen

Durch Schulungen und Erfahrungsberichte von ehemaligen Freiwilligen erhalten die Mitarbeiter:innen im Vorfeld Unterstützung. Meist ist es die Konzernspitze, die sie dazu ermutigt, den Schritt ins Krisenteam zu wagen, begleitet von im besten Fall gut vorbereiteten Teamleitungen, die die Einzelnen bestärken und in eine klare Struktur einbinden. Die Mitarbeiter:innen selbst entwickeln nun Strategien für den Umgang mit Herausforderungen.

5. Übertreten der ersten Schwelle

Am ersten Einsatztag – nicht selten am Tag der Krise selbst – lassen die Freiwilligen ihre gewohnte Arbeitswelt hinter sich und treten in das unbekannte Terrain der Krisenhilfe ein. Sie beginnen ihre Aufgabe mit Unsicherheiten, aber durchaus auch mit Vorfreude auf eine sinnstiftende und für das Unternehmen sehr relevante Tätigkeit.

6. Bewährungsproben, Verbündete und Feinde

Im Einsatz begegnen die Freiwilligen emotional belastenden Situationen. Sie werden lernen, mit Trauer, Angst und Stress umzugehen. Gleichzeitig erhalten sie Unterstützung durch Kolleg:innen, psychologische Betreuer:innen und Krisenteams.

7. Die entscheidende Prüfung

Für alle Mitarbeiter:innen im Kriseneinsatz entstehen Situationen, in denen sie besonders beansprucht sind: Emotionale oder fachliche Überforderung, die sie selbst oder die Führungskraft erkennen und durch Bearbeitung und Integration lösen. Manchmal führt dies auch dazu, dass ein Entfernen aus dem Einsatz („Du gehst jetzt acht Stunden schlafen und machst Pause!") notwendig wird. Oder die Freiwilligen sehen sich mit eigenen Lebenssituationen oder Ängsten konfrontiert und lernen durch die Unterstützung, die sie einem externen Gegenüber anbieten, einen neuen Ansatz zum Umgang damit für sich selbst. In jedem Fall setzen die Freiwilligen all ihr Wissen und ihre persönliche Stärke ein. Sie erleben kritische Momente, in denen sie ihre Grenzen austesten.

8. Der Schatz

Durch die Bewältigung dieser Krisen gewinnen die Freiwilligen wertvolle Erkenntnisse über sich selbst: Sie haben ihre Belastbarkeit gestärkt, ihre Empathie vertieft und neue Fähigkeiten erlangt.

9. Die Rückkehr

Nach dem Kriseneinsatz kehren die Helfer:innen in ihr reguläres Arbeitsumfeld zurück. Durch das emotionale und engagierte Wirken in der „Welt erster Klasse" ist diese Rückkehr oft keine freiwillige Entscheidung, sondern geschieht entweder, weil ihre reguläre Führungskraft sie zurückfordert, die Einsatzzeit abgelaufen ist oder die Führungskraft des Krisenteams eine Überbelastung oder Überforderung wahrnimmt. Mitarbeiter:innen erleben die Rückkehr an ihren Alltags-Arbeitsplatz unterschiedlich. Sie kann trotz allem schwierigen Erlebten das von außen schwer nachvollziehbare Gefühl eines „Verstoßenseins aus dem Paradies" mit sich bringen – vieles hängt von der Kommunikation und der Fähigkeit zur Akzeptanz ab.

10. Die veränderte Welt

Die Freiwilligen sind nicht mehr dieselben wie zuvor. Sie bringen neue Perspektiven mit und können ihre Erfahrungen produktiv in den Arbeitsalltag integrieren. Dies gilt ebenso für die Routineteams, die in der Zwischenzeit die Aufgaben der fehlenden Mitarbeiter:innen bewältigt haben und ebenfalls oft unter hoher Belastung neue Fähigkeiten entwickeln mussten. Das gesamte Unternehmen profitiert von resilienteren, engagierteren und empathischeren Mitarbeiter:innen.

Coaching-Strategien zur Nutzung der Heldenreise im Kontext von Kriseneinsätzen

Coaches können gezielt Methoden einsetzen, um Mitarbeiter:innen im Kriseneinsatz sowie ihre Führungskräfte und Teams während dieser Reise zu unterstützen:

- Vorbereitung: Workshops zu Stressbewältigung und Selbstfürsorge, die das Modell der Heldenreise nutzen, um Emotions- und Handlungsräume im Vorhinein zu erkunden und zu klären und damit für alle Phasen des Einsatzes Erwartungsmanagement zu betreiben.
- Begleitung im Einsatz: Für Reflexionsgespräche und Supervision kann die Heldenreise, die im besten Fall schon aus Schulungen bekannt ist, genutzt werden, um die akute Situation zu reflektieren und einzuordnen und um Akuthelfer an die Seite der Mitarbeiter:innen zu stellen.
- Nachbereitung: Einzelcoachings für Mitarbeiter:innen nach dem Kriseneinsatz, Führungscoaching oder ein Teamcoaching zur Zusammenführung von Bestandsteam und Kolleg:innen aus dem Kriseneinsatz können dazu beitragen, dass die Erfahrungen aller einen angemessenen Raum für Anerkennung und Reflexion finden und durch die Integration der Erfahrungen in den Alltag zu einem erhöhten Reifegrad des Teams beitragen.

Fazit

Die Heldenreise bietet ein wertvolles Modell, um Unternehmen für den Krisenfall auf eine optimale Vorbereitung und Führung ihrer Mitarbeiter:innen, Führungskräfte und Teams vorzubereiten, sie währenddessen zu begleiten und ihnen den Rückweg in den Arbeitsalltag zu erleichtern. Unternehmen, die dieses Konzept als Teil ihres Business Continuity Plans nutzen, profitieren von krisenresistenten, resilienteren und motivierten Mitarbeiter:innen, Führungskräften und Teams, die durch ihre Erfahrungen wachsen und ihre Kompetenzen nachhaltig erweitern. ■

© Julia Schwager

Mag. Anna Basse ist zertifizierte systemische Coach für Führungskräfte und Teams. Sie begleitet Unternehmen, Führungskräfte und Teams in Krisensituationen im Unternehmen und bietet Wege zu neuen strategischen Perspektiven.
www.anna-basse-consulting.de

NICHT DAS ZIEL, ABER EIN NEUER WEG

Wie ungeplante Wendungen neue Chancen bringen – jenseits von Vorurteilen.

VON **THOMAS SPITZER**

Scheitern ist eine Erfahrung, die alle Menschen machen – im Berufsleben, in zwischenmenschlichen Beziehungen oder in der Umsetzung persönlicher Ziele. Für Menschen mit Behinderung ist Scheitern jedoch oft mit zusätzlichen Herausforderungen verbunden. Einerseits gibt es gesellschaftliche und strukturelle Barrieren, andererseits werden Rückschläge häufig vorschnell mit der Behinderung in Verbindung gebracht, selbst wenn sie damit nichts zu tun haben. Doch genau in diesen Momenten steckt oft die Möglichkeit, neue Wege zu entdecken, die eigenen Stärken bewusst wahrzunehmen und die persönliche Resilienz zu stärken.

Ich selbst habe erlebt, wie es sich anfühlt, einen wichtigen beruflichen Meilenstein nicht zu erreichen. Vor einigen Jahren habe ich eine dreijährige Fortbildung nicht abgeschlossen, was meine Karriereentwicklung um einige Jahre verzögert hat. Diese Erfahrung war schmerzhaft, weil sie zunächst das Gefühl auslöste, gescheitert zu sein. Gleichzeitig zwang mich dieser Moment, meine eigenen Erwartungen zu reflektieren und meinen Weg neu zu gestalten.

Mehr als Karriere: wenn Scheitern das Leben verändert

Scheitern wird oft mit beruflichen Herausforderungen gleichgesetzt. Doch auch in anderen Lebensbereichen treten Momente auf, in denen Pläne nicht aufgehen. Beziehungen brechen ab, Freundschaften verändern sich, persönliche Projekte geraten ins Stocken oder gesundheitliche Krisen werfen einen aus der Bahn. Gerade für Menschen mit Behinderung rückt die Gesellschaft diese Rückschläge oft in einen bestimmten Kontext. Doch genau hier entstehen neue Chancen: Wer regelmäßig kreative Lösungen finden muss, entwickelt eine besondere Fähigkeit, Herausforderungen aktiv zu begegnen. Statt sich nur auf Hindernisse zu konzentrieren, nutzen viele diese Momente, um neue Perspektiven zu erschließen, Netzwerke neu aufzubauen und ungeahnte Stärken zu entdecken. Der entscheidende Punkt ist nicht das Scheitern selbst, sondern wie man darauf reagiert und daran wächst. Dabei kann genau in diesen Momenten eine besondere Chance liegen: Menschen mit Behinderung haben häufig gelernt, mit Herausforderungen kreativ umzugehen. Statt nur Hürden zu überwinden, entwickeln sie oft neue Wege, erschließen alternative Möglichkeiten und entdecken unerwartete Potenziale. Der Umgang mit Rückschlägen erfordert nicht nur Anpassung, sondern kann auch neue Perspektiven eröffnen – für die eigene Entwicklung, für Veränderungen im beruflichen oder privaten Umfeld und für ein selbstbestimmtes Leben. Die Frage ist nicht, ob Scheitern passiert, sondern wie wir darauf reagieren und welche Chancen wir daraus schöpfen.

Ein Klient, der im Rollstuhl sitzt, kam zu mir, weil er das Gefühl hatte, seine Freund:innen zu verlieren. Nach Jahren enger Freundschaften stellte er fest, dass immer weniger Treffen stattfanden. Er fragte sich, ob seine Behinderung der Grund dafür sei. Im Coaching zeigte sich jedoch, dass sich das Leben seiner Freund:innen verändert hatte – durch neue Jobs, Familienereignisse oder Umzüge. Gemeinsam entwickelten wir Strategien, um aktiv neue soziale Kontakte zu knüpfen und alte Freundschaften anders zu pflegen.

Sichtbar oder unsichtbar: warum nicht alle Rückschläge gleich sind

Nicht jede Behinderung ist auf den ersten Blick erkennbar. Während sichtbare Behinderungen, wie beispielsweise eine Gehbehinderung oder die Nutzung eines Rollstuhls, oft mit bestimmten Erwartungen oder Vorurteilen verbunden sind, stehen Menschen mit unsichtbaren Behinderungen, wie beispielsweise chronischen Erkrankungen oder psychischen Beeinträchtigungen, vor ganz anderen Herausforderungen. Eine Studie des Statistischen Bundesamts zeigt, dass nur etwa 3 % der Behinderungen in Deutschland von Geburt an bestehen, während der Großteil im Laufe des Lebens durch Unfälle, Erkrankungen oder altersbedingte Einschränkungen entsteht.

Die Art der Behinderung beeinflusst maßgeblich, wie Scheitern wahrgenommen wird. Während sichtbare Behinderungen oft zu direkten Vorurteilen oder Fehleinschätzungen führen, kämpfen Menschen mit unsichtbaren Behinderungen häufig mit dem Problem, dass ihre Einschränkungen nicht ernst genommen werden. Dies kann das Gefühl des Scheiterns verstärken, weil es häufig mit mangelnder Akzeptanz durch das soziale Umfeld oder mit Selbstzweifeln einhergeht.

Barrierefreiheit umfasst weit mehr als einen stufenlosen Eingang.

Ohne Hürden zum Erfolg: warum Barrierefreiheit auch mentale Zugänge braucht

Wenn Menschen mit Behinderung Coaching oder Beratung suchen, stoßen sie oft auf Hürden, die wenig mit baulichen Barrieren zu tun haben. Barrierefreiheit umfasst weit mehr als einen stufenlosen Eingang. Sie bedeutet, dass Coaching so gestaltet ist, dass Menschen mit unterschiedlichen Bedürfnissen daran teilhaben können. Dazu gehören:

- **Flexible Kommunikationswege:** Digitale Angebote oder einfache Sprache erleichtern den Zugang.
- **Anpassbare Coaching-Strukturen:** Menschen mit chronischer Erschöpfung oder psychischen Belastungen profitieren von flexibleren Sitzungen.
- **Gesellschaftliche Barrieren abbauen:** Coaching sollte Menschen mit Behinderung nicht auf ihre Behinderung reduzieren, sondern sie als ganze Person wahrnehmen.

Von der Krise zur Erkenntnis: eine Reframing-Übung

Oft bleibt nach einem Rückschlag das Gefühl zurück, gescheitert zu sein. Doch wie wir eine Situation bewerten, beeinflusst unsere Wahrnehmung. Eine bewährte Methode aus dem Neurolinguistischen Programmieren (NLP) ist das **Reframing** – also das Umdeuten einer Erfahrung.

Schritt 1: Die Situation beschreiben

Denke an eine Situation, in der du dich als gescheitert empfunden hast. Schreibe auf, was passiert ist und welche Gedanken du hattest.

Schritt 2: Bewertung auf einer Skala festlegen

Auf einer Skala von 1 bis 10, wie stark ist das Gefühl des Scheiterns für dich (1 = kaum belastend, 10 = sehr belastend). Diese Einschätzung hilft dir, deine Veränderung durch die Übung nachzuvollziehen.

Schritt 3: Alternative Deutungen finden

Welche anderen Sichtweisen gibt es auf diese Situation? Wie könnte jemand mit einer anderen Lebenserfahrung diese Situation interpretieren? Welche neuen Erkenntnisse eröffnen sich?

Schritt 4: Submodale Wahrnehmung verändern

Stelle dir die Situation bildlich vor: Welche Farben, Klänge oder Körperempfindungen sind damit verbunden? Verändere bewusst bestimmte Aspekte. Mache das Bild heller oder dunkler, verändere die Lautstärke innerer Stimmen oder verlagere das Bild weiter weg. Spüre, wie diese Veränderungen dein Gefühl beeinflussen.

Schritt 5: Die eigene Perspektive erweitern

- Was hast du aus dieser Erfahrung gelernt?
- Gab es auch etwas Positives in dieser Situation?
- Wie kannst du dieses Erlebnis in deine Zukunft integrieren?

Schritt 6: Bewertung erneut auf der Skala vornehmen

Bewerte nun erneut dein Gefühl auf der Skala von 1 bis 10. Hat sich deine Wahrnehmung der Situation verändert?

Schritt 7: Umsetzung in den Alltag

Jetzt geht es um den Transfer: Welche konkreten Maßnahmen kannst du ergreifen, um mit ähnlichen Situationen in Zukunft anders umzugehen? Welche Unterstützung brauchst du dafür?

Neustart statt Stillstand: Scheitern als Wendepunkt nutzen

Scheitern gehört zum Leben – doch es ist nicht das Ende, sondern oft der Beginn eines neuen Kapitels. Rückschläge laden dazu ein, innezuhalten, neue Strategien zu entwickeln und gestärkt daraus hervorzugehen. Gerade für Menschen mit Behinderung kann dies eine Chance sein, Barrieren nicht nur zu überwinden, sondern ganz neue Möglichkeiten für sich zu entdecken.

Unterstützung und Handlungsoptionen: aktiv werden

Individuelle Strategien für den Umgang mit Scheitern

- **Selbstakzeptanz stärken:** Scheitern ist ein Teil des Wachstumsprozesses.
- **Ressourcen aktivieren:** Wer oder was hat dir in der Vergangenheit geholfen? Welche Strategien haben schon früher funktioniert?
- **Neue Wege ausprobieren:** Wenn eine Strategie nicht funktioniert,

probiere eine andere aus – Flexibilität ist der Schlüssel.

Wie kann die Gesellschaft unterstützen?

- **Barrierefreie Coaching- und Beratungsangebote ausbauen:** Der Zugang zu unterstützenden Angeboten muss für alle gewährleistet sein.
- **Mehr Bewusstsein für die Vielschichtigkeit von Scheitern schaffen:** Arbeitgeber:innen und Bildungseinrichtungen sollten Scheitern als Entwicklungschance anerkennen.
- **Inklusive Strukturen fördern:** Wenn Barrieren in Bildung, Arbeit und sozialen Bereichen abgebaut werden, können Menschen mit Behinderung leichter neue Wege einschlagen.

Scheitern ist kein Endpunkt – es ist eine Gelegenheit, sich weiterzuentwickeln. Entscheidend ist, was du daraus machst. Und manchmal zeigt sich gerade im Umweg der richtige Pfad. ■

© privat

Thomas Spitzer ist Master Coach (DVNLP) und zertifizierter Auditive Coach. Seine Leidenschaft gilt – neben der Musik – der Förderung gesellschaftlicher Teilhabe, Chancengerechtigkeit und Vielfalt. Er berät Unternehmen auf dem Weg zur Inklusion und coacht Einzelpersonen, die von seiner Erfahrung als Mensch mit Behinderung profitieren möchten.
www.gemeinsaminklusiv-thomasspitzer.de

MEINE STÄRKE: VERLETZLICHKEIT

Natürlich erfolgreich: Die eigene Begrenztheit, fachlich wie menschlich, willkommen zu heißen, eröffnet Wege zur erfolgreichen Arbeit im Coaching.

VON **MATHIAS MAUL**

Trotz fundierter Ausbildung, erprobter Methoden und jahrelanger Praxis erleben wir in Coaching, Beratung und Therapie immer wieder Situationen, in denen unsere Konzepte nicht greifen. Das Eingestehen und sogar Willkommenheißen unserer fachlichen Begrenztheit und persönlichen Verletzlichkeit hilft uns, die Maske des Experten abzulegen und den Weg zu einer anderen Arbeitsweise zu öffnen: authentisch, menschlich und ganz natürlich erfolgreich.

Letztens sprach ich mit einem Kollegen, der gerade seine Coach-Ausbildung begonnen hatte. Er strahlte im Honeymoon dieser Phase des Coach-Werdens, und dann kam sie natürlich, die bekannte Frage: „Sag mal, wenn das alles wirklich so einfach ist, wieso haben Menschen dann überhaupt noch Probleme?" Schulterzuckendes Lachen. Wäre es so einfach, wie es im Buch steht … aber, na klar, wir haben es nun einmal mit Menschen zu tun, voll von wunderbarer Unvorhersehbarkeit, emotionalem Gewusel und verschachtelten Systemen aus Wünschen, Emotionen, Beziehungen.

Genau wie wir.

Natürlich beinhalten viele Trainingsprogramme einen großen Anteil von Selbstreflexion und persönlicher Entwicklung, denn Methodik allein – das merken die meisten schon während der ersten „echten" Session – genügt nicht, um nachhaltige Veränderungen zu bewirken. Die Beziehung bringt einen Großteil der Wirkung in Coaching, Beratung und Therapie: Das Konzept der therapeutischen Allianz wird in der Literatur und Ausbildung oft aufgegriffen. Hinzu kommt die Erwähnung der Verletzlichkeit der Ratsuchenden, die es zu achten gilt. Man solle sie dazu anhalten, sich zu öffnen, auch wenn sie dabei (vermeintliche) Schwächen offenbaren müssen. Die Allianz hilft – auch – dabei, dass sie

Checkliste: Verletzlichkeit als Stärke nutzen

- Reflektiere deine eigene Haltung zur Verletzlichkeit: Wo siehst du sie als Schwäche? Wo versteckst du sie hinter „Professionalität?"
- Übe, in Sessions authentisch zu bleiben. Wenn du etwas nicht weißt oder unsicher bist, sprich es an, statt in eine Expertenrolle zu flüchten. (Eine meiner Ausbilderinnen nannte es „das therapeutische Ääh", den Moment, in dem man überhaupt nicht weiterweiß. Genieße ihn!)
- Beobachte deine spontanen Reaktionen auf „schwierige" Feedbacks: Gehst du in Rechtfertigung oder Abwehr? Erweitere aktiv deinen Handlungsspielraum.
- Schaffe dir einen sicheren Raum (Supervision, Intervision, Chatbots), um deine eigenen verletzlichen Momente aus der Praxis zu teilen und zu verarbeiten.
- Überprüfe deine Überzeugungen zum Thema „professionelle Distanz". Welche davon dienen dir (und der Kundschaft) wirklich? Welche sind überholt … oder kannst du überholen?
- Experimentiere, dich von deinem Gegenüber inspirieren und berühren zu lassen. Tausche in Sessions bewusst und unbemerkt für ein paar Sekunden die Rollen. Was löst das in dir aus? Wie verändert es eure Zusammenarbeit?

sich sicher genug fühlen, um dies zu tun.

Diese Betrachtung greift aber zu kurz, sie schafft eine künstliche Hierarchie, die dem Coaching-Prozess – und den Beteiligten! – nicht dienlich ist. Daher lege ich euch hier ein Statement vor, das ihr euch anschauen, drehen und wenden und, wenn ihr mögt, auch anwenden könnt:

Nur dann, wenn wir uns als Berater:innen unserer eigenen Verletzlichkeit bewusst sind und sie mindestens genauso offenlegen können, wie wir es vom Gegenüber erhoffen, initiieren wir nachhaltige Veränderungen und eigenes Wachstum.

Die Verletzlichkeit von Coaches zeigt sich zum Beispiel in der Bereitschaft, eigene Fehler einzugestehen; in der Offenheit, mehr zu lernen als zu lehren; in der Fähigkeit, das eigene Wissen und – oft schwieriger – die eigene Meinung zu hinterfragen; in der Güte sich selbst gegenüber, Kränkungen zu reflektieren. Mein Supervisionsklient fühlte sich schrecklich, als seine Coachee sagte: „Na, die Session hat mir jetzt ja überhaupt nichts gebracht." Seine übliche Reaktion wäre gewesen, eine Rechtfertigungsschleife zu öffnen, die Methodik zu hinterfragen und vor allem die Klientin zu fragen, wie sie es denn gerne anders hätte, damit er sich angleichen kann. Erst durch das Anschauen, Offenlegen und Durchfühlen seiner eigenen Verletzlichkeit – zunächst mir, dann der Klientin gegenüber – konnte er einen Schritt für beide Beteiligten gehen.

Die transformative Kraft der geteilten Verletzlichkeit entsteht, wenn Coaches ihre eigene Verletzlichkeit als Ressource begreifen und nicht als Schwäche oder gar als „unprofessionell". So eröffnen sich neue Dimensionen der Zusammenarbeit, wenn auch unser Gegenüber erlebt, dass Verletzlichkeit eine Quelle der Stärke sein kann.

Der Coaching-Markt hat sich seit (spätestens) Mitte 2024 grundlegend transformiert: Wer einen Coach braucht, dem stehen Bots aller Art zur Seite, die ein Vielfaches der – methodischen – Leistung bringen, an die auch jahrzehntelang erfahrene Coaches nicht heranreichen, und dies 24/7 und zu einem niedrigen Preis. Und wer eine so gute Beziehung zu sich hat, dass ein maschinelles Gegenüber genug „Raum halten" kann, benötigt keinen menschlichen Coach mehr. Die Zukunft (oder schon Gegenwart?) für menschliche Berater:innen liegt vorwiegend in denjenigen, die den menschlichen Austausch schätzen, und zur Menschlichkeit gehört ganz ursprünglich auch die Verletzlichkeit.

In der Praxis habe ich öfter erlebt, dass der wertvollste Moment dann kam, wenn beide an ihren jeweils eigenen Punkten der Verletzlichkeit angekommen waren. Die künstliche Trennung zwischen „Experten" und „Hilfesuchenden" verschwamm, keiner vermisste sie, es entstand ein echtes Miteinander, in dem beide voneinander lernten. Genau diese Offenheit, an unsere eigenen Grenzen zu gehen, kann uns zu besseren Begleiter:innen machen. Schließlich sind Coaching, Beratung und Therapie am Ende ein und dasselbe: keine technische Dienstleistung, sondern ein zutiefst menschlicher Prozess der Begegnung und gemeinsamen Entwicklung.

© privat

Mathias Maul
berät Organisationen und Marken zur menschlichen und effizienten Kommunikation. Er unterrichtet Coaching und Marketing an Hochschulen in Hamburg und Düsseldorf und schreibt seit 2009 für Praxis Kommunikation und andere Magazine.
https://maulco.com

Zum Weiterlesen:

Mathias Maul
Durchstarten als Coach
Praxisstrategien für ein erfolgreiches Business
Junfermann, Paderborn
Erscheint im Sommer 2025

NIMM'S NICHT PERSÖNLICH!

Wer bestimmt eigentlich, was Scheitern ist?

VON **CLAUDIA RIXECKER**

Wie immer war ich gut vorbereitet, und ich hatte den Teilnehmer:innen vor dem Termin eine Beschreibung sowie einen beispielhaften Ablauf meines Trainings zu zwischenmenschlicher Kommunikation zugeschickt. Trotzdem saßen mir acht skeptische Menschen gegenüber. „Ich weiß nicht, worum es heute gehen wird", so eine Teilnehmerin bei der Vorstellungsrunde. Wie konnte das sein? Was hatte ich falsch gemacht?

Als Overthinker habe ich das Scheitern stets im Blick. Zwanzig Termine laufen wunderbar, einer holprig. Dreimal dürfen Sie raten, welcher Termin mir in Erinnerung bleibt. Richtig, der holprige. Ich weiß, dass mein Gehirn mich pflichtbewusst auf die unangenehmen Dinge aufmerksam macht, die in Zeiten des Säbelzahntigers eine ernste Gefahr bedeutet hätten. Und ich bin meinem Gehirn auch sehr dankbar, dass es mich davor bewahrt, gedankenverloren über eine viel befahrene Straße zu laufen. Aber dieses überfürsorgliche „Achtung! Pass auf!" nervt.

Der Psychologe Daniel Siegel hat ein Handmodell des Gehirns entwickelt, welches auf sehr anschauliche Art und Weise erklärt, was in solchen Momenten in meinem Gehirn passiert. Und zwar wird die Region im Gehirn, die unter anderem für Nachdenken, Entscheidung und Planung zuständig ist, der präfrontale Cortex, außer Gefecht gesetzt. Das Reptiliengehirn übernimmt, dem es ums nackte Überleben geht.

Wie kann ich dafür sorgen, meinem Gehirn zu versichern, dass ich einer Situation gewachsen bin? Es gibt viele verschiedene Methoden, jeder Mensch ist anders. Ich habe für mich herausgefunden, dass ich Dinge nicht persönlich nehmen darf, mich von der Meinung anderer unabhängig machen muss. Dank folgender Techniken gelingt mir dies mehr und mehr.

„Vielen Dank für Ihre Meinung." Diesen simplen Satz habe ich bei Edith Eger gelesen. Sie beschreibt in ihrem Buch *The Gift*, wie Zuschauer:innen nach ihren Vorträgen zu ihr, einer erfolgreichen Psychologin und Speakerin, gekommen sind und sich bei ihr für Inspiration und Erkenntnis bedankt haben. Gleichzeitig war aber auch immer eine Person dabei, die kam und ihren Satz mit „Vielen Dank, aber …" begonnen hat. Erstaunlicherweise ging es Edith Eger wie mir: Diese eine kritische Stimme ist ihr in

Sich von der Meinung anderer unabhängig machen – wie es für mich funktioniert:

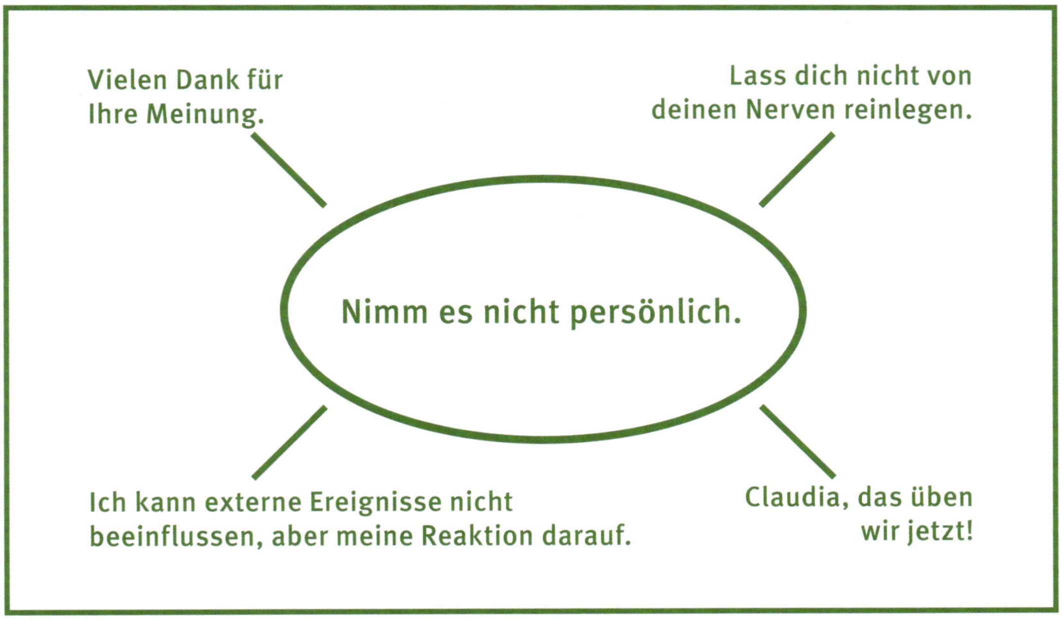

Erinnerung geblieben und nicht die vielen Menschen, die ihr dankbar waren. Sie hat entschieden, auf solche Rückmeldungen mit „Vielen Dank für Ihre Meinung" zu antworten. Dadurch nimmt sie die Situation, wie sie ist, ohne das Feedback übermäßig auf sich zu beziehen: „Ob ich vorhabe, das Feedback anzunehmen oder zu übergehen, ich kann sagen: ‚Vielen Dank für Ihre Meinung,' und weitermachen." Großartig!

„Wir können externe Ereignisse nicht beeinflussen, aber unsere Reaktion darauf." Diese (frei zitierte) Weisheit der Stoiker bringt es auf den Punkt. Die Entscheidung liegt bei mir, ob ich den holprigen Termin ohne Ende analysiere oder ob ich diesen auf meinem Konto „Lebenserfahrung" verbuche. Reframing, das Betrachten einer Situation aus einem anderen Blickwinkel, hat mir schon so manche durchwachte Nacht erspart.

Wenn wir uns im Gedankenkarussell befinden, ist unser Nervensystem im Ausnahmezustand. Das beschreibt Dr. Claire Weekes sehr eindrucksvoll in ihrem großartigen Buch *Hope and Help for Your Nerves*. Sehr wahrscheinlich haben wir über Jahre hinweg diesen Zustand trainiert. Das gilt für mich auf jeden Fall, weshalb ich angefangen habe, Dr. Weekes' Rat zu verinnerlichen: „Lass dich nicht von deinen Nerven reinlegen." Es wird wohl noch eine Weile dauern, bis ich diesen Satz jederzeit anwenden kann. Aber ich spüre bereits eine Wirkung, denn ich muss nicht sofort auf jedes Gedankenkarussell aufspringen.

In der Regel sind wir selbst unsere größten Kritiker (kommt mir bekannt vor). Das beschreibt der Psychologe Guy Winch sehr humorvoll und einfühlsam in seinem wunderbaren TED Talk „Why we all need to practice emotional first aid". Oft sprechen wir mit uns selbst auf eine Art und Weise, wie wir niemals mit einer guten Freundin reden würden. Ethan Kross, einer der weltweit führenden Experten zum Thema Bewusstsein und Verhaltenssteuerung, empfiehlt Folgendes: „Wenn ich Probleme habe, hilft mir ein distanziertes Selbstgespräch. Ich verwende meinen Namen und das Pronomen der zweiten Person – du –, um mich im Stillen zu coachen, als ob ich einen Freund beraten würde." Bei mir lautet das stille Coaching: „Claudia, das üben wir jetzt!" Klingt komisch? Aber es wirkt. Ich höre auf zu grübeln, ob ich einer Herausforderung gewachsen bin oder was andere von mir halten werden, sondern setze mein Vorhaben um.

Bei meiner Arbeit mit Kindern und Jugendlichen stelle ich übrigens immer wieder fest, dass die jungen Menschen nicht davon ausgehen, dass sie scheitern werden. Ich stelle ihnen eine Aufgabe, etwa mit dem Hund ohne Leine Slalom laufen, und los geht's. Es wird nicht gezaudert oder gar gekniffen. Kooperiert der Hund nicht so, wie der junge Mensch es sich vorstellt, kommt Kreativität ins Spiel. Oft handelt es sich dabei um den Einsatz von Leckerchen, sehr zur Freude meiner Hunde. Die Folge: Das Selbstvertrauen meiner Klient:innen erhält einen Schub, wenn der Hund tatsächlich Slalom läuft.

Apropos „einfach machen": Das kann ich besonders von meinen vierbeinigen Co-Trainern lernen. Hunde kennen kein Richtig oder Falsch. Und sie leben im Hier und Jetzt. Um Letzteres beneide ich meine Hunde am meisten. Sie liegen nicht in ihrem Körbchen und denken sich: Der Himmel ist grau, vielleicht fängt es an zu regnen, da bleibe ich lieber zu Hause. Oder: Auf diese Wiese gehe ich nicht, da könnte mich eine Biene stechen. Sie stellen sich den Herausforderungen, wenn sie damit konfrontiert werden und beschäftigen sich nicht schon Wochen im Voraus damit. Oder danach. Sehr weise.

Laut Duden hat „scheitern" folgende Bedeutungen: 1) ein angestrebtes Ziel o.Ä. nicht erreichen, keinen Erfolg haben. 2) misslingen, missglücken, fehlschlagen. Gut und schön. Aber

Ich muss nicht sofort auf jedes Gedankenkarussell aufspringen.

wer definiert, wann wir keinen Erfolg haben oder etwas misslingt? Genau, wir selbst. Sonst bräuchte ich die von mir geschilderten Techniken nicht. Ich wüsste, was allgemein als Scheitern angesehen wird, beispielsweise, wenn man mit 50 Jahren noch nicht alle Kontinente bereist hat. Absurd, oder?! Heute kann ich sagen, dass mein von mir selbst definiertes Scheitern einen Lernprozess ausgelöst hat, dessen Erkenntnisse ich an meine Klient:innen weitergeben kann.

Wie die Situation, die ich zu Beginn des Textes geschildert habe, ausgegangen ist? Ich war kurz davor, mir den Schuh des Scheiterns anzuziehen, konnte jedoch mein Training unbeirrt abhalten, indem ich innerlich „Vielen Dank für Ihre Meinung“ murmelte. Natürlich ist es erlaubt, meine Trainings zu hinterfragen, konstruktives Feedback ist immer willkommen. Anmerkungen, die darauf schließen lassen, dass diese nicht fundiert oder unmotiviert sind, muss ich allerdings nicht an mich heranlassen. Ich entscheide, wann ich scheitere. Und wann nicht. ■

© Businessfotografie Frau Winkelmann

Claudia Rixecker ist Diplom-Sozialwissenschaftlerin, Kommunikationstrainerin und Mediatorin. Gemeinsam mit ihren Hunden stärkt sie das Selbstvertrauen von Kindern und Jugendlichen, die in der Schule anecken oder untergehen. Als Lehrbeauftragte an der Justus-Liebig-Universität Gießen vermittelt sie angehenden Lehrkräften die Bedeutung von Kommunikation im Unterricht.

www.zweimitvier.de

LITERATUR

Eger, Edith: The Gift. A survivor's journey to freedom, 2020

Kross, Ethan: https://www.bbc.com/future/article/20250226-the-expert-guide-to-taking-control-of-your-emotions?mj_campaign=nl_ref&mj_content=zeitde_text_link_x&mj_medium=nl&mj_source=int_zonaudev_Was%20jetzt%3F

Siegel, Dr. Dan: https://www.youtube.com/watch?v=f-m2YcdMdFw

Weekes, Dr. Claire: Hope and Help for Your Nerves. End Anxiety Now, 1969

Winch, Guy: TED Talk, https://www.ted.com/talks/guy_winch_why_we_all_need_to_practice_emotional_first_aid?language=en

HINTER DER MAUER

Die Kunst des Scheiterns: Warum Fehler unsere stärksten Lehrmeister sind.

VON **INGRID GERSTBACH**

„Scheitern ist keine Option" – ein Satz, der oft wie ein Mantra wiederholt wird. Dabei spiegelt er genau das wider, was in unserer Kultur lange galt: Fehler zu machen bedeutet, Schwäche zu zeigen. Für Coaches und Therapeut:innen öffnet sich hier ein faszinierender Raum, denn hinter jedem Scheitern verbirgt sich Potenzial. Wer es wagt, diese Tür zu öffnen, stößt auf Muster, Ängste und tief verwurzelte Überzeugungen, die nicht nur blockieren, sondern auch den Weg für Wachstum freigeben können.
Doch was genau passiert, wenn wir scheitern? Unser Gehirn schaltet in den Alarmmodus. Die Amygdala feuert, und Emotionen wie Scham oder Angst setzen ein. Es fühlt sich an, als würde man gegen eine unsichtbare Wand laufen. Studien zeigen, dass diese Reaktion tief in unserer Evolutionsgeschichte verankert ist. Der Psychologe David Buss beschreibt in seiner Forschung, wie soziale Zurückweisung früher den Verlust der Gruppe und damit Lebensgefahr bedeuten konnte.[1] Scham und Angst schützen uns, sie zwingen uns, Fehler zu vermeiden. Aber genau hier liegt die Chance: Wenn wir lernen, diese Reaktionen zu regulieren, können wir uns dem stellen, was hinter der Mauer liegt.

Wie das Gehirn Fehler verarbeitet

Eine der spannendsten Entdeckungen der Neurowissenschaften betrifft den anterioren cingulären Cortex (ACC). Diese Region im Gehirn leuchtet auf, wenn wir etwas falsch machen. Man könnte sagen, sie registriert Fehler wie ein innerer Wachhund. Gleichzeitig zeigt die Forschung von Taylor und seinen Kolleg:innen, dass der ACC uns nicht nur warnt, sondern auch hilft, aus Fehlern zu lernen. Der Schlüssel dazu liegt in der Reflexion: Wer innehalten und den Fehler analysieren kann, aktiviert gezielt die Lernmechanismen im Gehirn.[2]
Im Coaching oder in der Therapie bedeutet das, Klient:innen Werkzeuge zu geben, mit denen sie ihre inneren Wachhunde hören, ohne dass die Amygdala die Kontrolle übernimmt. Achtsamkeit und Selbstmitgefühl sind dabei keine leeren Begriffe, sondern

1 Quelle: Buss, D. (2024): Evolutionary psychology: The new science of the mind (7. Auflage). Routledge.
2 Quelle: https://www.spektrum.de/news/hirnaktivitaet-bei-folgenschweren-fehlern/831493, abgerufen zuletzt am 16.03.2025

nachweislich wirksame Methoden, um diesen Prozess zu unterstützen. Die Forschung von Kristin Neff zeigt eindrucksvoll, wie Selbstmitgefühl Menschen hilft, Schamgefühle zu mindern und eine konstruktive Haltung einzunehmen.

Fehler neu rahmen: der Perspektivwechsel

„Ich habe versagt" – dieser Gedanke scheint oft endgültig. Doch was passiert, wenn wir den Satz umformulieren? „Ich habe etwas gelernt." Carol Dweck nennt das ein Growth Mindset, ein Wachstumsdenken. Menschen mit dieser Haltung sehen Fehler nicht als Bedrohung, sondern als Teil des Prozesses. In ihrer Arbeit mit Schüler:innen hat Dweck gezeigt, dass selbst kleine Veränderungen in der Sprache – etwa die Ergänzung von „noch" in „Ich kann das nicht … noch" – große Auswirkungen auf die Resilienz haben können.[3]
Therapeut:innen und Coaches können diesen Perspektivwechsel aktiv fördern. Es geht darum, den Fokus zu verschieben: weg von der Bewertung hin zur Entdeckung. Was lief gut, trotz des Fehlers? Welche Erkenntnis entstand dadurch? Dieser Ansatz ermutigt Klient:innen, sich selbst mit anderen Augen zu sehen – weniger als Richter:innen, mehr als Forscher:innen.

Scheitern in der Praxis: Fallbeispiele und Erfolge

In der Praxis zeigt sich, wie tiefgreifend der Umgang mit Fehlern wirken kann. Ein Klient, der sich selbst als Perfektionist beschrieb, berichtete von seinem Scheitern bei einer Beförderung. Für ihn bedeutete dies ein persönliches Versagen. Gemeinsam entdeckten wir, dass sein Wunsch nach Perfektion oft dazu führte, dass er sich selbst überforderte und Fehler versteckte. Durch gezielte Übungen – wie das bewusste Scheitern in ungefährlichen Kontexten – lernte er, mit Fehlern offener umzugehen.
Wir etablierten eine „Fehlerwoche", in der er sich täglich kleine Herausforderungen stellte, bei denen Scheitern wahrscheinlich war: etwa ein Gedicht vor Fremden vorzutragen, eine neue Sportart auszuprobieren oder ein Gespräch mit einem Vorgesetzten zu führen, ohne sich akribisch vorzubereiten. Diese kontrollierten Misserfolge dienten als Expositionstherapie gegen seine Perfektionsangst. Besonders wirkungsvoll war die „Fehlerreflexion", bei der er nicht das Misslingen selbst, sondern die überraschend milden Konsequenzen und gewonnenen Erkenntnisse dokumentierte. Das veränderte schrittweise seine neuronalen Verknüpfungen zum Thema Fehler: von einer Bedrohung wurden sie zur Lernchance. Nach einigen Monaten berichtete er, dass er nicht nur produktiver, sondern auch zufriedener sei.
Ein anderes Beispiel zeigt, wie Teams aus Fehlern profitieren können. In einem Design-Thinking-Workshop entwickelte eine Gruppe ein Produkt, das in den Tests bei Kund:innen komplett durchfiel. Statt den Kopf in den Sand zu stecken, analysierte das Team die Rückmeldungen und entwickelte daraus eine neue Version des Produkts, die deutlich erfolgreicher war. Der entscheidende Punkt: Die Führungskraft schaffte eine Atmosphäre, in der Fehler nicht stigmatisiert, sondern als Lernchancen gefeiert wurden.

Die Einladung zum Scheitern

Scheitern mag unangenehm sein, aber es öffnet Türen, die sonst verschlossen bleiben. Für Coaches und Therapeut:innen liegt hier eine große Chance: Indem sie ihren Klient:innen helfen, Fehler neu zu rahmen, stärken sie nicht nur Resilienz, sondern auch die Fähigkeit, authentisch zu wachsen. Vielleicht braucht es einen neuen Leitsatz für den Umgang mit Scheitern. Nicht „Fehler vermeiden", sondern „Fehler erforschen". Denn letztlich sind es nicht die perfekten Momente, die uns weiterbringen – es sind die, die uns herausfordern, tiefer zu gehen und Neues zu wagen.
Fehler sind nicht das Ende – sie sind der Anfang von etwas Besserem. Die Kunst liegt darin, diese Momente zu erkennen und zu nutzen, anstatt sie zu verdrängen. Denn manchmal gewinnt man, manchmal lernt man. Und in beiden Fällen geht man voran. ■

Nicht Fehler vermeiden, sondern Fehler erforschen!

© Budiono Nguyen

Ingrid Gerstbach ist studierte Betriebswirtin, Wirtschaftspsychologin und Erwachsenenbildnerin. Sie gilt als die deutschsprachige Koryphäe der aus den USA stammenden Innovationsmethode Design Thinking. Sie berät internationale Unternehmen und Universitäten und schreibt Bücher sowie Kolumnen.
https://ingridgerstbach.com

3 Quelle: doi: 10.1177/1745691618804166, abgerufen zuletzt am 16.03.2025

VON NIX KOMMT NIX

Wie Coaches den ersten Klienten gewinnen: Warum der erste Schritt nicht perfekt sein muss, aber mutig.

VON **INA ROTTMÜLLER**

Die Coaching-Ausbildung ist geschafft. Das Zertifikat liegt bereit, der Kopf ist gefüllt mit Tools, Theorien, einem ganzen Koffer an Methoden – und unzähligen Wünschen und Zielen. Und dennoch: Der Kalender ist leer. Der erste Klient lässt auf sich warten. Wie geht es jetzt weiter? Willkommen in der wohl menschlichsten aller Übergangsphasen.

Ich bin Ina, systemisch-integrative Business-Coachin (IHK) und Markenstrategin. Nach meinem letzten Artikel „Wer gesehen werden will, muss sichtbar sein" in Ausgabe 1/2025 ist dieser Beitrag die logische Fortsetzung: Denn nach der Sichtbarkeit kommt das Handeln. Und das braucht Mut. Denn: Von nix kommt nix.

> Der erste Klient ist mehr als ein Auftrag – er ist ein Moment der Wahrheit

Viele gut ausgebildete Coaches, Trainer:innen und selbstständige Berater:innen kennen die Unsicherheit nach dem Abschluss: *„Kann ich das Gelernte wirklich umsetzen?"*

Diese Frage ist kein Zeichen mangelnder Kompetenz, sondern Ausdruck einer reflektierten Coaching-Haltung. Coaching und Beratung leben nicht vom Wissen allein, sondern von Präsenz, Haltung und der Bereitschaft, echten Menschen auf Augenhöhe zu begegnen.

„Der erste Klient" – das fühlt sich an wie ein Sprung von einer hohen Klippe ins kalte Wasser. Kleine Kieselsteine auf dem Weg erscheinen plötzlich wie unüberwindbare Berge.

Ich hatte das Glück, früh erste Klient:innen zu gewinnen – aber diesen Moment habe ich mir mit vielen Wochenenden, Learnings, Nachtschichten und Extrarunden erarbeitet. Und: Es kam anders als gedacht.

Mein ursprüngliches Ziel war klar: Ich wollte 1:1-Coachings anbieten, Menschen auf ihrem beruflichen Weg begleiten, insbesondere Führungskräfte entwickeln. Das war mein innerer Antrieb – und ist es bis heute. Doch ich durfte etwas Wichtiges lernen.

Eine Dozentin sagte während der Ausbildung einen Satz, den ich damals

nicht wirklich verstanden habe – oder nicht verstehen wollte: **„Jeder Coach bekommt die Klienten, die ihn brauchen.“** Heute weiß ich genau, was damit gemeint war.
In der Praxis zeigte sich sehr schnell: Meine Klient:innen suchten nicht nur Coaching. Sie suchten auch klare Impulse für ihre eigene Sichtbarkeit, ihr berufliches Profil und ihre Markenentwicklung – Bereiche, in denen ich über Jahrzehnte Expertise aufgebaut hatte. Mein Know-how als Markenexpertin rückte auf der Wunschliste meiner Klient:innen ganz nach oben. Zuerst war ich überrascht. Aber heute ergibt alles Sinn.

Mein persönlicher „Proof of Concept“

Ich bin Coachin mit Herz und Haltung – und gleichzeitig Markenstrategin mit unternehmerischem Scharfsinn.
Und das Schöne: Mit der Zeit, mit jedem erfolgreichen Projekt und mit jeder Begegnung, kamen Stück für Stück auch die „reinen“ Coaching-Klient:innen, für die ich ursprünglich angetreten war.
Manchmal führt uns der Weg über Umwege genau dorthin, wo wir am besten wirken können. Denn: Von nix kommt nix.

Sichtbarkeit entfaltet sich im Tun

Viele Coaches haben nach der Ausbildung scheinbar alles beisammen: Know-how, ein paar Kontakte, vielleicht sogar eine Website. Doch sie warten – auf den „richtigen Moment“, das perfekte Angebot, eine offizielle Nachfrage. Dabei beginnt Sichtbarkeit im Inneren – und entfaltet sich durch Tun.
Ich sage es bewusst: Man sollte sich öfter einen **MUTausbruch** gönnen! Sichtbarkeit ist kein Marketinginstrument – sie ist Ausdruck von Haltung und Selbstverantwortung.

Kleine Schritte schlagen große Pläne

Viele meiner Klient:innen zögern zu lange. Doch es braucht keine perfekte Strategie – es braucht eine Entscheidung: anfangen, machen, losgehen.

Erste Schritte könnten sein:

- ein kostenloses Impulscoaching im Netzwerk
- ein Pilotangebot mit ehrlichem Feedback
- ein Tausch-Coaching mit Kolleg:innen
- ein offener Post auf LinkedIn oder Instagram

Jede echte Begegnung bringt mehr als drei Wochen Konzeptarbeit. Der erste Klient kommt selten über einen Marketing-Funnel – aber fast immer über ein Gespräch.

Coaching ist ein Anfang – Markenarbeit die Brücke zum Erfolg

Viele Coaches scheitern nicht am Können – sondern an der Kommunikation. An zu viel Perfektionsdruck. An fehlendem Mut. Dabei ist selbst eine „Website Version 1.0“ ein riesiger Schritt in die Sichtbarkeit. Ich habe über 30 Jahre Erfahrung in Markenstrategie. Und ich weiß: Deine Marke beginnt dort, wo du dich zeigst, wie du bist – nicht glatt, nicht laut, sondern klar, ehrlich und mit Haltung. Es gibt kein Richtig oder Falsch – aber es gibt das **Machen**. Wer etwas wagt, wird automatisch Erfolge feiern. Denn: Von nix kommt nix.

Unsicherheit ist kein Hindernis – sie ist ein Kompass

„Ich bin noch nicht so weit“ – ein Gedanke, den fast jede:r kennt. Und er darf da sein. Denn Unsicherheit ist ein Kompass. Sie zeigt, dass dir deine Arbeit wichtig ist. Was hilft?

- Supervision oder Intervision
- Austausch in kollegialen Runden
- ein Coaching-Tagebuch zur Selbstreflexion

Wachstum beginnt dort, wo du dich noch nicht perfekt fühlst – aber trotzdem losgehst.

Das Leben ist in Bewegung – und du darfst mitgehen

Erwarte nicht, dass alles von Anfang an passt. Deine Website wird sich verändern. Dein Angebot wird sich schärfen. Deine Sprache wird sich entwickeln – und genau das ist gut so.
Selbstständigkeit ist keine feste Größe. Sie ist eine Entwicklung, eine Reise, und die beginnt nicht mit einem perfekten Businessplan – sondern mit dem ersten echten Schritt.

Fazit: Der erste Klient kommt – aber du musst losgehen

Ich hatte Glück zum Start – und habe viel investiert. Heute bin ich sehr erfolgreich. Mein Learning: **Von nix kommt nix**. Du musst dich zeigen. Losgehen. Nachfragen. Anbieten. Ausprobieren.
Der erste Klient kommt nicht, weil alles perfekt vorbereitet ist. Sondern weil du den Mut hattest, einen MUTausbruch zuzulassen. Und weil du dich entschieden hast, für deine Träume einzustehen.

„Der erste Klient ist kein Prüfstein. Er ist ein MUTausbruchs-Moment – ein Beweis, dass du bereit bist, zu wachsen.“ ■

Hinweis: Zur besseren Lesbarkeit wird in diesem Artikel an einigen Stellen das generische Maskulinum verwendet. Die verwendeten Personenbezeichnungen beziehen sich – sofern nicht anders kenntlich gemacht – auf alle Geschlechter.

© privat

Ina Rottmüller
Business-Coachin IHK, 360°-Markenstrategin und Mentorin für Sichtbarkeit und Selbstständigkeit. Auf www.inarottmueller.de unterstützt sie Menschen dabei, ihre Mission sichtbar zu machen – mit Klarheit, Leidenschaft und Mut.
www.inarottmueller.de

MIT ANLAUF DANEBEN

Wie wir aus Fehltritten klüger werden – ohne den Humor zu verlieren.

VON **CLAUDIA SIMMERL**

Wie wäre es mit einem stärkenden Mindset, wenn etwas schiefgeht?
Die Vorteile liegen auf der Hand: Du gehst sanft und mitfühlend mir dir selbst um. Du kommst raus aus der Problem-Hypnose und lernst für die Zukunft mit Zuversicht!

Ob privat oder beruflich – es gibt viele Momente im Leben, wo wir scheitern, stocken, nicht vorwärtskommen oder ganz woanders landen, als wir ursprünglich geplant hatten. Ich denke dabei zum Beispiel bei mir persönlich an die lange Zeit unseres unerfüllten Kinderwunsches, an Momente, in denen Kund:innen trotz eines individuell erarbeiteten Angebots dennoch bei jemand anderem buchen, oder an das angestrebte Wunschgewicht, das sich einfach nicht einstellen will.
Es reicht ja schon, dass es nicht klappt – doch dann kommen noch die unangenehmen Gefühle und Gedanken dazu: Ich habe „versagt" und ärgere mich darüber, ich schäme mich und bin enttäuscht. Eine ganze Reihe an Emotionen kann sich hier mischen: von Schuld bis hin zu Ärger, Scham und Trauer.

Solche Gedanken ziehen uns möglicherweise noch weiter runter:
„Wieso passiert mir das?", „So ein Mist, hätte ich doch bloß ...!", „Hoffentlich spricht es sich nicht rum!", „Nach den sieben fetten Jahren kommen die sieben mageren Jahre!"
So zieht uns die *Problem-Hypnose* in ihren Bann. Die Unzufriedenheit lässt grüßen und wir sind gefangen in einem Teufelskreis von negativen Gedanken und Gefühlen.
Wie ungesund es werden kann, zeigt die Grafik des Instituts *HeartMath*, wo 2014 die Folgen von Ärger untersucht wurden. Fünf Minuten Ärger beschäftigen sechs Stunden lang dein Immunsystem, bis du wieder auf dem Ausgangslevel bist.
Je länger wir also in der miesen Stimmung bleiben, umso schädlicher ist es für unsere Gesundheit. Wir – Werner Simmerl und ich, Lehrcoaches und Lehrtrainer von Kommunikationstraining Simmerl – sprechen in diesem Zusammenhang von der „Ärger-Diät": Ärger fasten! Lasst uns möglichst schnell wieder aus dem ärgerlichen Zustand herauskommen und die Problem-Situation lösungsorientiert anpacken!

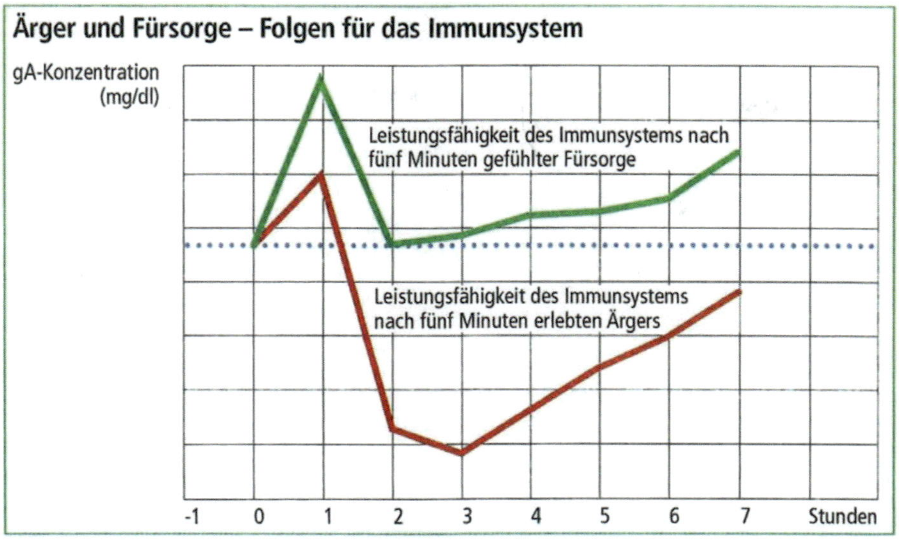

Dieses Schaubild zeigt, wie stark die Leistung des menschlichen Immunsystems (gemessen an der Immunglobulin-A-Konzentration im Speichel) durch positive oder negative Gefühle beeinflusst wird.

Wie können wir also mit diesen negativen Emotionen und mit dem Scheitern umgehen?
Wie wäre es mit einem leichteren Mindset – auch mit Humor?

Die folgenden Gedanken und Zitate können als Reminder dienen:

- Hinfallen ist keine Schande, nur Liegenbleiben!
- Aus Fehlern wird man klug, drum ist einer nicht genug!
- Widerstände sind eine Herausforderung deiner Flexibilität!
- Hoffnung ist nicht der Glaube, dass es gut ausgeht, sondern der Glaube, dass es Sinn ergibt, egal wie es ausgeht!
- Nicht nur bei Pilotprojekten brauchen wir eine Fehlertoleranz!
- Scheiter heiter und werde gescheiter!

Wenn wir sanfter mit uns umgehen, zeigen wir Mitgefühl mit uns selbst. Schau noch einmal auf die grüne Linie in der Grafik: Wir stärken damit sogar unser Immunsystem!
Wie kommen wir also raus aus der Problem-Hypnose? Oder, noch besser: Wie kommen wir erst gar nicht hinein?

Eine sehr wirksame und einfache Methode ist das Motto **„Weg vom besudelten Platz“**. Da, wo etwas schiefgegangen ist, ist die Situation in unserem limbischen System negativ verankert. Daher unterbrich diese Schleife und beweg dich weg vom besudelten Platz (das Bild eines matschigen Kuhfladens könnte hier helfen).
Du gehst raus an die frische Luft, trinkst einen Schluck Wasser, schaust in eine andere Richtung, hörst ein entspannendes Lied, kaust einen erfrischenden Kaugummi etc. Erfrische deine fünf Sinne!
Schon gelingt es leichter, die „Adlerperspektive einzunehmen“ und von oben auf diese Szene im Leben zu schauen …

Von da aus lohnt es sich, einige Fragen zu reflektieren:

- Was ist das Gute am Schlechten?
- Was würde ihr/ihm wirklich fehlen, wenn sie/er da nicht gescheitert wäre?
- Was ist wichtig zu verzeihen, zu vergeben – sich selbst, anderen?
- Was konkret lerne ich daraus für meine Zukunft?
- Und wie konkret sieht der bessere Zukunftsfilm aus, wenn ich in eine ähnliche Situation komme? Was tue, was lasse ich beim nächsten Mal?

Ein wertvolles Ritual kann sein, ein Feuer anzuzünden (auch eine Kerze

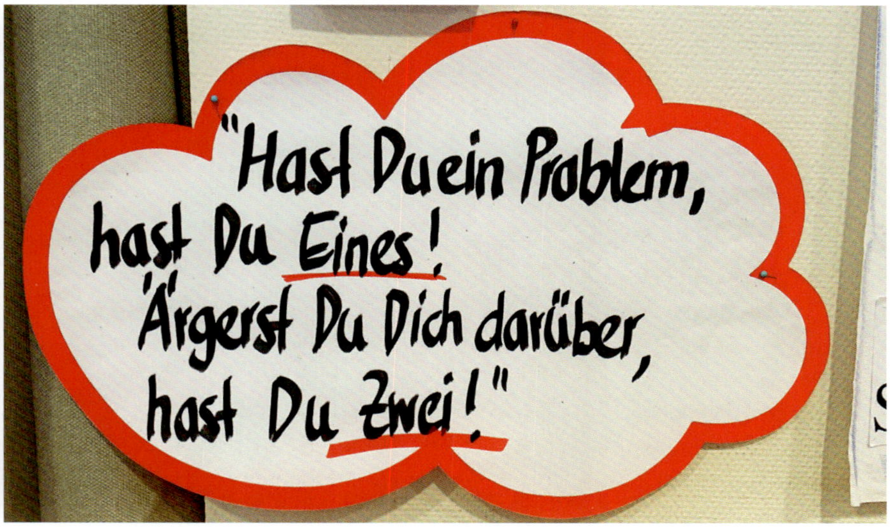

Humor und Selbstmitgefühl helfen, mit dem Scheitern umzugehen. © Kommunikationstraining Simmerl

Übungen aus dem Improvisationstheater können sehr gut die eigene Flexibilität und Fehlertoleranz trainieren.

kann dazu dienen) und auf einem Stöckchen oder Papier das Erlebnis loszulassen, zu wandeln. Zum Beispiel wandle ich meine Zurückhaltung im Kundengespräch in meinen Mut zu humorvoller Provokation: „Wie beim Autokauf gibt es im Coaching-Markt viele Modelle – wenn Sie eine gute Marke wollen, gibt es diese nicht zum Billigpreis!“

Falls sich die eine oder andere Emotion nicht verändert, empfehlen wir, sich ein individuelles Coaching, beispielsweise ein wingwave®-Coaching, zu buchen. Mit dem Myostatiktest als Coaching-Kompass können wir Stress-Trigger herausfinden und den Prozess in eine stärkende Richtung steuern. Durch wingwave-Coaching können anhaftende, belastende Emotionen sich lösen und wieder positive Emotionen der Zuversicht und Stärke in den Vordergrund treten. Gerade wo es einem im wahrsten Sinne des Wortes die Sprache verschlägt, brauchen wir Methoden wie schnelle Augenbewegungen, bilaterale alternierende Methoden wie Tapping oder wingwave-Musik für die Lösung. Lediglich darüber zu reden, ist dann ein weniger wirksamer Ansatz.

Eine andere wirksame Coaching-Methode zur Förderung von Selbstvertrauen und Selbstwirksamkeit erleben die Teilnehmer:innen bei unserem Seminar „Die Psyche als Erfolgsfaktor nutzen – meine Psyche als Quelle“ mit der Übung „Über goldene Brücken darfst du gehen!“ Diese Ressourcen-Übung hilft, mit einem Scheiter-Erlebnis leichter umzugehen. Wir wandern dabei über die eigenen Brückenpfeiler des Lebens, die uns stärken, und können so eine Problemsituation relativieren und auch hinter uns lassen.

Für das Üben der eigenen Scheiterheiter-Kompetenz kann ich auch die Improvisationstheater-Methode von Charlotte Cordes empfehlen, die ich bei ihr im Seminar erlebt habe:

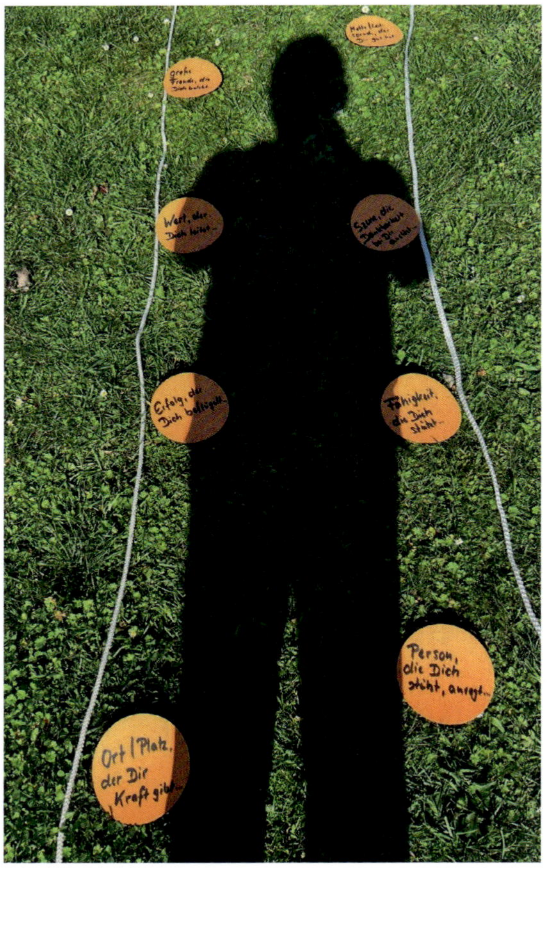

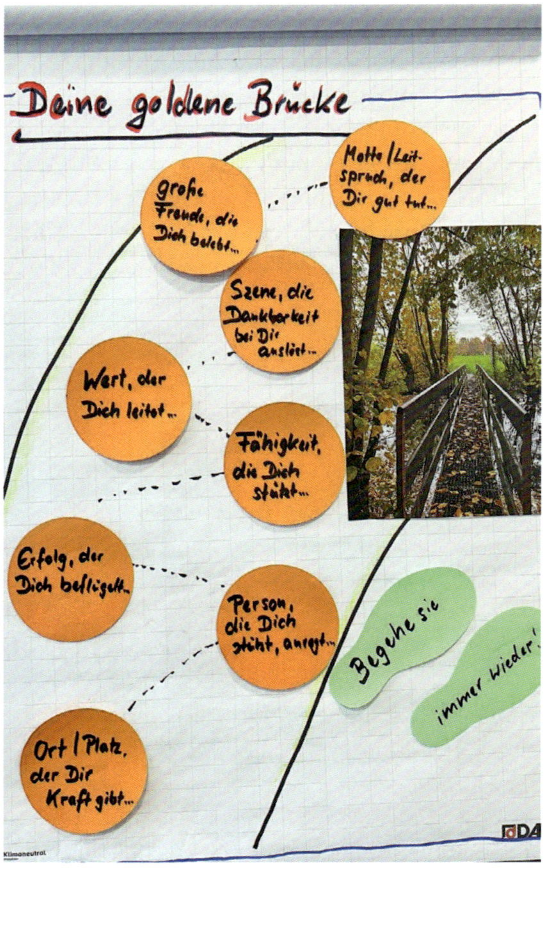

„Über goldene Brücken darfst du gehen!“ Bei dieser Ressourcenübung wandern wir über Brückenpfeiler unseres Lebens. © Kommunikationstraining Simmerl

Aufgabe ist es, eine Geschichte zu erzählen – und dabei Worte mit dem Buchstaben S zu vermeiden. Das Erzählen soll in flüssiger Form geschehen. Als Trainer:in/Coach achte ich darauf, dass ich ein lautes „MÖP!" bei einem Fehler rufe und zugleich applaudiere.

Das ist eine gute Ankermischung (collapsing anchors): Eine negative Reaktion (Möp!) wird mit einer positiven Reaktion (Applaus) vermischt und somit entmachtet.

Wenn dann gemeinsam gelacht wird, entsteht der heitere Moment nach dem Scheitern!

Überhaupt können Übungen aus dem Improvisationstheater sehr gut die eigene Flexibilität und Fehlertoleranz trainieren. Der Grundsatz: „Sei offen – egal was kommt, und sag JA!" hilft, mit sämtlichen Gegebenheiten umzugehen. Störungen gibt es somit gar nicht mehr.

Es gibt keinen perfekten Plan – frei nach dem Motto: Perfekt ist es dann, wenn man in den eigenen Plan Ungeplantes einplant.

Zusammenfassend lässt sich sagen:

1. Sei sanft mir dir selbst – das fördert unser gesundes Mitgefühl!
2. Raus aus der Problem-Hypnose: Weg vom besudelten Platz! Abstand ist der erste Schritt.
3. Lasse los und verzeihe!
4. Lerne für die Zukunft und dreh schon mal deinen verbesserten Zukunftsfilm – so entsteht deine Zuversicht. ■

© privat

Claudia Simmerl
Dipl.-Päd. Univ., Lehrtrainerin und Lehrcoach DVNLP, GNLC, wingwave® und Quattro-Coaching®, Geschäftsführerin Kommunikationstraining Simmerl GbR, Expertin für lebendiges, wirksames Lehren & Trainieren – in Präsenz & online!
claudia@simmerl.de
#PsychealsErfolgsfaktor #quattrocoaching #simmerl #coachweiterbildung

DIE KRAFT DER EMOTIONEN IM COACHING-PROZESS

Warum echtes Weiterkommen mehr mit Fühlen zu tun hat als mit Denken.

VON **GEORGIA LEPIDOU**

„Was fühlst du gerade wirklich?“ Diese Frage kann in einem Coachingprozess alles verändern. Sie ist selten die erste, die ich stelle, aber oft die, die den entscheidenden Unterschied macht. Denn während der Verstand sich längst sortiert hat, das Problem analysiert und erste Lösungswege denkt, passiert in der inneren Welt oft noch etwas ganz anderes. Und genau da liegt die Kraft der Emotionen.

In einer Gesellschaft, in der Leistung, Kontrolle und kognitive Lösungsorientierung hoch im Kurs stehen, fällt es vielen Menschen schwer, Zugang zu ihren Gefühlen zu behalten. Oft haben sie gelernt, Emotionen schnell wegzudrücken oder gar nicht erst wahrzunehmen. Sei es im privaten Alltag oder im beruflichen Kontext. Doch wenn wir im Coaching echte Veränderung begleiten wollen, dann braucht es mehr als Verstehen. Dann braucht es Gefühl.

In meiner Arbeit, sei es mit Einzelpersonen, Paaren oder Führungskräften, erlebe ich immer wieder, wie kraftvoll der Moment ist, wenn ein Mensch innehält, nach innen lauscht und sich selbst die Fragen stellt: Was fühle ich gerade wirklich? Was zeigt sich in mir, jenseits der Worte?

Das kann Unsicherheit sein, Druck, Scham, Wut oder auch Traurigkeit. Manchmal sind es alte, tief sitzende Gefühle, manchmal ganz aktuelle Reaktionen auf eine Situation. Aber erst, wenn das Gefühl erkannt, benannt und gespürt wird, entsteht eine neue innere Klarheit. Eine, die nicht nur im Kopf stattfindet, sondern sich auch im Körper zeigt.

Und genau da beginnt Veränderung. Denn wenn wir fühlen, was ist, statt es zu verdrängen oder zu bewerten, können wir neu entscheiden. Dann können wir Bedürfnisse wahrnehmen, Grenzen setzen, innerlich sortieren und mit uns selbst in Kontakt kommen.

Emotionen sind Wegweiser, keine Hindernisse

Emotionen sind nicht das Problem, sie sind Teil der Lösung. Sie zeigen uns, was uns wichtig ist, wo etwas nicht stimmig ist oder wo wir uns selbst verloren haben. Im Coaching werden sie zu Orientierungshilfen, wenn wir sie zulassen.

Ich arbeite bewusst mit dem Körpergefühl meiner Klient:innen:

- Wo spürst du die Situation, die dich beschäftigt?
- Was verändert sich in dir, wenn du an eine mögliche Lösung denkst?
- Was passiert körperlich, emotional, innerlich, wenn du dich mit einer schwierigen Entscheidung verbindest?

Diese Fragen führen raus aus dem reinen Denken, hinein in ein ganzheitliches Erleben. Und das ist oft der Schlüssel. Nicht noch mehr analysieren, sondern spüren, erkennen, wandeln.

Genauso wichtig wie die Emotionen der Klient:innen ist für mich der Umgang mit meinen eigenen. Als Coachin bin ich nicht neutral. Ich bin präsent, in Resonanz, aufmerksam. Und manchmal spüre ich etwas, bevor es mein Gegenüber in Worte fassen kann.

Praxistipp für Coachingsitzungen

Fünf Fragen, um Klient:innen in Kontakt mit ihren Emotionen zu bringen

Nutzen Sie diesen kleinen Leitfaden, um im Coaching gezielt einen Moment der emotionalen Selbstwahrnehmung einzubauen:

1. „Wenn du kurz innehältst, wie fühlt sich dein Körper gerade an?“
   Beobachten Sie: Verändern sich Haltung, Atmung, Stimme? Lenken Sie die Aufmerksamkeit behutsam ins Körperempfinden.
2. „Wo genau spürst du gerade etwas?“
   Ermutigen Sie Ihr Gegenüber, die Körperstelle zu benennen: Druck in der Brust? Kloß im Hals? Schwere in den Schultern?
3. „Darf das Gefühl einfach mal da sein?“
   Lassen Sie Raum. Kein Drängen, kein Analysieren. Das Körpergefühl darf erst einmal einfach wahrgenommen werden.
4. „Wenn dieses Körpergefühl sprechen könnte, was würde es sagen?“
   Diese Frage öffnet oft die Tür zur Emotion: Vielleicht melden sich Traurigkeit, Wut, Angst oder Erleichterung.
5. „Was brauchst du gerade, damit es ein Stück leichter werden kann?“
   Damit unterstützen Sie die Selbstfürsorge und helfen, einen nächsten kleinen Schritt zu finden.

Diese fünf Fragen können jederzeit in einen Coachingprozess integriert werden. Besonders dann, wenn Klient:innen gedanklich kreisen und der Zugang zu Gefühlen verloren geht.

Tipp: Fotografieren, ausdrucken oder ins eigene Coaching-Notizbuch übernehmen und einfach beim nächsten Mal ausprobieren, wenn Sie spüren: Jetzt wäre es wichtig, die Emotionen einzuladen.

Deshalb ist es für mich essenziell, selbst einen guten Zugang zu meinen Gefühlen zu haben und ein professionelles Standing, um unterscheiden zu können: Was gehört zu mir? Was gehört zur anderen Person? Was darf ich zurückhalten und was ist ein Impuls, den ich spiegeln sollte?

Diese emotionale Selbstklärung ist ein zentraler Teil meiner Haltung als systemische Coachin. Denn nur wenn ich mich selbst gut kenne, kann ich wirklich Raum halten für das, was bei anderen auftaucht. Und dann können wir gemeinsam durch Prozesse gehen, die nicht nur äußere Veränderungen anstoßen, sondern auch innerlich etwas in Bewegung bringen.

Emotionen, Prägungen, Glaubenssätze – alles hängt zusammen

In meiner Arbeit spielen neben den Emotionen auch die ihnen zugrunde liegenden Prägungen und Glaubenssätze eine große Rolle. Denn Gefühle entstehen nie im luftleeren Raum. Sie sind Ausdruck unserer inneren Landkarte, geformt durch Erfahrungen, Erziehung, soziale Einflüsse und tief verankerte Überzeugungen darüber, wie „man“ zu sein hat.

Wenn jemand im Coaching plötzlich merkt: „Ich darf überhaupt wütend sein“, „Ich habe immer gedacht, meine Bedürfnisse seien nicht wichtig“, „Ich glaube, ich muss alles allein schaffen“, dann ist das oft der Anfang eines tiefen Transformationsprozesses. Denn dann wird deutlich: Das Gefühl ist nicht falsch – es erzählt nur eine alte Geschichte. Und diese Geschichte kann neu geschrieben werden.

Emotionale Arbeit bedeutet nicht, sich im Gefühl zu verlieren. Sie bedeutet, bewusst und klar zu werden. Wieder zurückzukommen zu dem, was uns im Innersten bewegt, um dann bewusst zu entscheiden, wie wir damit umgehen wollen.

Ich bin überzeugt: Emotionen im Coaching sind kein Nebenschauplatz. Sie sind das Herzstück. Und wenn wir lernen, sie ernst zu nehmen, in uns und in anderen, dann wird Coaching zu dem, was es sein kann: ein Raum für echte Begegnung, tiefes Verstehen und nachhaltige Entwicklung. Kurz gesagt: Emotionen sind nicht das, was uns im Weg steht. Sie sind der Weg.

Und ich begleite Menschen mit aller Klarheit, Empathie und Erfahrung genau auf diesem Weg, hin zu mehr Selbstverbindung, innerer Freiheit und echter Veränderung. ■

Georgia Lepidou wurde ausgebildet unter dem Dachverband DGSF und begleitet als systemische Coachin und Therapeutin Menschen dabei, wieder Zugang zu ihren eigenen Gefühlen, Ressourcen und innere Klarheit zu finden. In ihrer Praxis in Garbsen bei Hannover arbeitet sie mit besonderem Fokus auf Prägungen, Emotionen und Glaubenssätzen und unterstützt dabei, innere Blockaden zu lösen und neue Handlungsspielräume zu eröffnen.
www.georgia-lepidou.de

ACHTUNG: IDENTITÄT!

Warum die unglücklichsten Sätze mit „Ich bin ...“ anfangen.

VON **HARALD BERENFÄNGER**

Unzählige Bücher, Seminare, Studien, Podcasts, Vorträge widmen sich der Frage aller Fragen: Wie werde ich glücklich? Wer sich marketing-technisch besonders geschickt anstellt, wird mit seinen Antworten reich an Geld und Partner:innen.

Auch NLP und Psychologie haben hierzu viele Impulse parat – aber jetzt und hier möchte ich eine andere Quelle ins Zentrum stellen: Die Talent-Show „America's got Talent“, in der sich seit 2006 bis dato Unbekannte präsentieren; meist mit Liedern, aber auch mit Akrobatik, Magie und Tanz. Eine Jury wählt aus, wer eine Runde weiterkommt und am Ende einen großen Geldpreis mit nach Hause nimmt.

In der Staffel aus dem Jahr 2021 betritt eine 30-jährige Frau die Bühne, die Jury und Zuschauer sofort mit einer berührenden Mischung aus innerem Frieden und purer Lebensfreude bewegt. In dem üblichen, routinierten Vorgeplänkel ist dann plötzlich alles anders als sonst.

Auf die Frage, was sie beruflich mache, antwortet Nightbirde, wie sich selbst nennt, dass sie seit einigen Jahren nicht gearbeitet habe, weil sie mit ihrer Krebs-Erkrankung beschäftigt war. Und strahlt entspannt ...

Auf die Frage, wie es ihr jetzt gehe, antwortet sie, dass gerade Krebs in ihrer Lunge, Wirbelsäule und Leber entdeckt worden ist. Und strahlt entspannt ...

Das Lied, das sie singen will, heißt „It's ok“, und auf die Nachfrage der betroffen wirkenden Jury, dass sie ja offenbar nicht ok sei, sagt die junge Frau: „Nun, nicht in jeder Hinsicht.“

Die Jury versucht das einzuordnen: „Du hast ein wunderschönes Lächeln und eine wunderschöne Ausstrahlung – niemand würde das ahnen.“ Und Nightbirde antwortet: „Oh, ich weiß das zu schätzen. Danke. Es ist wichtig, dass jeder weiß, dass ich so viel mehr bin als die schlimmen Dinge, die mir widerfahren sind.“

In das Interview nach dem Lied mischen sich Jubel und große Berührung. Und plötzlich sagt sie diesen Satz: „Du kannst nicht darauf warten, bis das Leben nicht mehr schwer ist, bevor du dich entscheidest, glücklich zu sein.“

Im Nachspann hören wir sie sagen: „Ich habe eine Überlebenschance von zwei Prozent, aber zwei Prozent sind nicht null Prozent. Zwei Prozent ist etwas, und ich wünschte, die Leute wüssten, wie großartig das ist.“ Und strahlt dabei voller Lebensfreude ...

Robert Dilts hat dem NLP seine Version der „Logischen Ebenen“ geschenkt und wirbt bis heute dafür, vorsichtig zu sein mit Sätzen, die mit „Ich bin ...“ anfangen:

- Denn wer „ein Faulpelz ist“, kann nicht auch irgendwann fleißig arbeiten.
- Wer sich oder andere für „Versager“ hält, schließt exzellentes Verhalten grundsätzlich aus.
- Wer sich für eine „todkranke Krebskranke“ hält, kann nicht gesund werden oder den Rest seines Lebens Glück, inneren Frieden und Lebensfreude erfahren.

Theoretisch leuchtet das ein, und wer sich mit NLP befasst, hat das oft genug gehört – UND es berührt, bewegt und erschüttert, wenn man plötzlich jemanden wie Nightbirde sieht und hört, die dieses Modell wirklich radikal lebt.

So viele Menschen suchen nach dem Glück und geben dafür große Summen an Geld und Zeit her; nicht wenige gehen Scharlatanen und Gurus auf ihren ausnutzenden Leim. Und sie hören viel Nützliches und Sinnvolles auf ihrem Weg.

Und! Am Ende landen wir immer auch genau an diesem einen Punkt: Entscheide dich! Glück ist das Produkt kluger Lebensentscheidungen, aber immer auch das Ergebnis einer persönlichen aktiven Entscheidung.

Wie man hinreichend Stärke und Loslassen zeigen kann, um eine solche Entscheidung zu treffen, erklären dann wiederum unzählige Bücher, Seminare, Studien, Podcasts, Vorträge, Gurus und Scharlatane, seriöse Coaches und Therapeut:innen.

Aber sie alle können es nicht machen, dass ihre Klient:innen sich entscheiden – dieser letzte Schritt verbleibt in der Freiheit jeder und jedes Einzelnen. Und manchmal kann ein YouTube-Video einer Talent-Show den Tipping Point dazu bilden ... ■

Zum Video:
https://youtu.be/rq4RB6v51E4

© Mirène Schmitz

Harald Berenfänger ist freiberuflicher Coach in Bonn. Er ist Autor der Bücher „Persönliche Wirkung steigern. Souveränes Auftreten und innere Selbstführung – Im Beruf, in persönlichen Beziehungen, für sich selbst“ und „Der reife Mann“.
www.berenfaenger.com

BÜHNE FREI FÜR MEHR WIRKUNG

Was das Coaching vom Musical lernen kann.

VON **KATHRIN KRÄFT**

„Das kann man lernen?" Das ist die häufigste Frage, die mir gestellt wird, wenn ich erzähle, dass ich eine Ausbildung zur Musicaldarstellerin absolviert habe. Ja! Musical und Bühnenpräsenz sind im Grunde ein Handwerk. Und zwar eines, das ich drei Jahre lang mit viel Schweiß und Tränen erlernt habe. Die Musicalausbildung hat vieles an und in mir nachhaltig verändert. Während der Ausbildung lernst du viel über deinen eigenen Körper. Nach einiger Zeit des täglichen Tanztrainings ist Muskelkater normal, sogar an Körperstellen, von denen du vorher nicht wusstest, dass sie existieren. Du lernst, wie du deine Stimme gesund einsetzen kannst und ihre Bandbreite ausbaust. Wie du in eine Rolle schlüpfst und dabei authentisch bist. Und du lernst viel über dich selbst. Über Selbst- und Fremdwahrnehmung und wie sich beides annähern kann und du somit deine Wirkung steuerst. Du spürst und verstehst, wie deine Atmung, deine Körperspannung und deine Gedanken zusammenspielen, um eine kraftvolle Bühnenpräsenz zu erzeugen.

Was mir meine Musicallaufbahn über Präsenz beigebracht hat

Zugegeben, das Erlernen des bloßen Handwerks macht noch keine guten Darsteller:innen aus. Wir alle kennen diese Personen, die perfekte Skills mitbringen, ihren Text auswendig können und einen einwandfreien Auftritt abliefern, uns emotional aber einfach nicht abholen. Denn neben einem faktisch korrekten Einsetzen von Fähigkeiten sind es Emotionen, mit denen wir andere Menschen erreichen und die wichtig sind für unsere Authentizität.

Aus diesem Grund bleiben uns bestimmte Darsteller:innen mehr im Gedächtnis als andere: jene, die es schaffen, uns vergessen zu lassen, dass wir gerade in einem Theatersaal sitzen. Denen es gelingt, uns zu berühren, uns Gänsehaut zu bescheren oder deren Performance uns Tränen in die Augen treibt. Bei denen wir in der Emotion „mitgehen" und sagen: Das hier fühlt sich real an, wie im echten Leben. Diese:r Schauspieler:in ist mit Leidenschaft bei der Sache, und füllt die Rolle realistisch und authentisch.

Das Leben hält für uns alle Bühnen bereit, die wir authentisch und wirksam betreten möchten

Bühnenpräsenz ist mir auch nach meiner Musicalzeit viele Male erneut begegnet. Als Führungskraft, als HR-Managerin, als Coach – als Thema bei mir und bei anderen.
Plötzliches Lampenfieber, Panik vor einem mit Menschen gefüllten Raum, Vortragsangst, Hemmungen, das Wort in einem Meeting zu ergreifen, ein Webinar zu geben, Versagensängste ...
Dies sind Themen, die nicht nur ausgebildete Darsteller:innen, sondern uns alle im beruflichen Kontext betreffen können. In den oben genannten Situationen wünschen wir uns oft, selbstbewusster oder souveräner auftreten und handeln zu können.
Wie kann uns das gelingen? Wie können wir wie Bühnendarsteller:innen unsere Nervosität und unser Lampenfieber kontrollieren und eine starke Ausstrahlung entwickeln?

Haben Profis denn kein Lampenfieber?

Doch! Aber: Profis wärmen sich auf. Sie machen Übungen, bevor sie die große Bühne betreten. Fokus und Atmung sind das A und O. Viele unserer Körperreaktionen, insbesondere in Stresssituationen, können wir über eine Tiefenatmung und gedankliche Aufmerksamkeit regulieren. Lampenfieber bringt dir unbestritten einen Energie-Push. Die Lösung ist aber, dein Lampenfieber so zu nutzen, dass es dir nicht als Angst im Wege steht oder du in einen Schock verfällst. Wir können Lampenfieber systemisch betrachten und fragen: Was bringt es uns? Was ist gut daran?

Übung: Die Bauchatmung –
Unterstützung für Zwerchfell und Stimme!

So geht's:

- Aufrecht hinstellen und eine Hand auf den Bauch legen.
- Tief durch die Nase einatmen und spüren, wie sich deine Bauchdecke leicht nach außen wölbt.
- Ruhig wieder ausatmen, die Bauchdecke zieht sich sanft zurück.

Wenn du sicher in der Bauchatmung bist, kannst du die Übung vertiefen:

- Dabei atmest du langsam und kontrolliert auf den Buchstaben „f" aus. Variiere hierbei Intensität und Dauer. Durch regelmäßige Wiederholung trainierst du dein Zwerchfell, also deine Stütze beim Atmen und Sprechen.

Durch das aktive Dosieren der Atemluft beim Ausatmen, kannst du deine Stimme kontrollieren und gezielt für das Sprechen vorbereiten.

Lampenfieber ist Energie

Fieber assoziieren wir zunächst mit Stress, mit einer Abwehrreaktion unseres Körpers, der uns sagt: Nein, das will ich nicht! Fieber hat sogar ähnliche Auswirkungen wie Lampenfieber: Hitze, Zittern, Unruhe, Erröten. Dem Körper bleiben nur wenige Möglichkeiten: Flucht, Kampf oder Schockstarre. Das Lampenfieber sucht sich in der Stresssituation oft die Schockstarre aus. Immerhin. Flucht oder Kampf könnten in diesen Situationen auf unser Publikum doch deutlich befremdlicher wirken als ein paar Schweißperlen auf der Stirn, oder?
Ob Schauspieler:in oder nicht: Nutze den Moment vor deinem Auftritt, um noch einmal in dich zu gehen. Welche Gedanken gehen dir durch den Kopf? Magst du, was du fühlst, wenn Menschen dich ansehen? Bewertest du dich heimlich? Wandle die Energie und Anspannung des Lampenfiebers in eine positive Energie um, die dir Kraft und Körperspannung schenkt, um selbstbewusst aufzutreten. Präsenz entsteht nicht erst in dem Moment, in dem du deine Bühne betrittst – sie beginnt vorher, in deinem Kopf und in der Art und Weise, wie du dich auf deinen Auftritt einstimmst.

Lampenfieber ist ein Hinweisgeber

Es zeigt uns, dass das, was wir gerade tun, wichtig für uns ist. Dass wir mit Leidenschaft dabei sind und uns wünschen, dass das, was wir im Begriff sind zu tun, uns gelingt. Anders gesagt: Ist deine Aufregung verschwunden, fühlst du kein Kribbeln, dann könntest du dich fragen: Hat das, was ich hier gerade tue, überhaupt eine Bedeutung für mich?

Morgen ist alles anders

Nein! Übe dich in Geduld. Ob Coach oder Coachee: Veränderung geschieht nicht über Nacht. In meiner Musicalausbildung habe ich tagelang Texte geübt, wochenlang Schrittfolgen wiederholt, monatelang Muskeln gedehnt. Ja, unser Körper lernt Veränderung. Aber das braucht Zeit, Übung und Wiederholung. Bis eine neue Gewohnheit, eine andere Körperhaltung oder gar ein stärkeres Selbstbewusstsein sich festigt und gut anfühlt, brauchen wir eines: Geduld.

Wie wir dies im Coaching nutzen können

Das Zusammenspiel von Körper, Stimme und der inneren Haltung entscheidet darüber, wie wir wirken.

Übung: Erde dich und spüre deine eigene Kraft!

So geht's:

- Stelle dich mit dem Rücken an die Wand und gehe in eine leichte Hocke. Drücke nun dein Kreuzbein gegen die Wand und atme ruhig ein und aus. Halte den Widerstand, schließe die Augen und konzentriere dich auf den Kontakt zur Wand.
- Wenn du nach wenigen Minuten wieder gerade stehst, lockere dich. Du wirst die Kraft deiner Mitte nachspüren, die deine Aufrichtung und gesunde Körperhaltung unterstützt.

Egal, ob es sich um eine Theaterbühne, ein Meeting oder ein privates Gespräch abseits jeglichen beruflichen Kontexts handelt. Das Spannende daran ist: Jeder dieser drei Faktoren beeinflusst die anderen. Eine selbstbewusste Haltung kann dein Mindset verändern, eine ruhige Stimme kann deine innere Nervosität reduzieren – und umgekehrt. Mit vielen kleinen und wirksamen Übungen, aber vor allem durch Wiederholungen können wir durch das Vereinen dieser drei Bausteine einen wirklichen Unterschied erreichen.

Ob Theater oder im Beruf: Der Moment vor dem Auftritt entscheidet mit darüber, wie präsent und souverän wir wirken, sobald die Augen des Publikums auf uns gerichtet sind. Wir können gezielt trainieren, wie wir wirken.
Das Beste an dieser Erkenntnis: Präsenz ist trainierbar! Und die Ressourcen dafür stecken alle bereits in dir! ■

© Linda Grigo

Kathrin Kräft
ist Präsenz-Coach, HR-Managerin, systemische Beraterin und ehemalige Musicaldarstellerin. Mit ihrer Kombination aus Bühne und Business unterstützt sie Menschen dabei, mit Stimme und Haltung aufzutreten – auf den Bühnen des Lebens sowie im Berufsalltag.
https://praesenzmitleichtigkeit.de

WENN DAS BAUCHGEFÜHL TRÜGT

Strategische Entscheidungen treffen Führungskräfte sowie Unternehmer:innen oft nicht so rational, wie sie denken. Das kann ihren beruflichen Erfolg gefährden.

VON **NIKOLA** UND **KLAUS DOLL**

Menschen entscheiden und handeln oft nicht rational, sondern primär emotional. Diese wissenschaftliche Erkenntnis wird heute schon vielfach genutzt: zum Beispiel, um das Kaufverhalten von Kund:innen oder das Wahlverhalten von Menschen zu beeinflussen.

Generell gilt: Ein irrationales Verhalten ist weiter verbreitet als oft angenommen, denn einen Großteil unserer täglichen Entscheidungen treffen wir reflexartig unter Rückgriff auf unsere Erfahrungen aus der Vergangenheit. Unbewusst haben wir zu ihnen emotionale Bilder gespeichert, und diese nutzt unser Gehirn in aller Stille und mit hoher Schnelligkeit zum Entscheiden.

Dass wir so funktionieren, ist ein Resultat unserer Evolution. Alle Säugetiere mussten, um zu überleben, schnell entscheiden und (re-)agieren können, denn: Lebewesen, bei denen der Informationsverarbeitungs- und Entscheidungsprozess zu lange dauerte, wurden nicht selten von Fressfeinden überwältigt und getötet. Deshalb hat die Evolution unser Gehirn auf Geschwindigkeit getrimmt, und unser Handeln wird im Alltag in einem hohen Maß von Gefühlen und Impulsen geleitet.

Bauchentscheidungen erleichtern vieles im Leben

Das damit verbundene schnelle und oft unbewusste Entscheiden ist ein Segen und ein Fluch zugleich. Ohne dieses könnten wir unseren Lebensalltag nicht meistern, denn dann würden wir stundenlang über solche Fragen nachdenken wie „Putze ich mir jetzt die Zähne?", „Was ziehe ich heute an?" und „Trinke ich zum Frühstück Kaffee oder Tee?"

Dasselbe gilt für das Wirtschaftsleben. Auch in ihm sind die berühmten Bauchentscheidungen oft nicht die schlechtesten, denn sie basieren

auf gemachten Erfahrungen, die ihrerseits wiederum zum Beispiel zu einem Gespür für die Marktentwicklung führen. Zuweilen täuscht uns das Bauchgefühl aber – insbesondere dann, wenn sich in unserem Umfeld Paradigmenwechsel vollziehen und uns gewisse Entscheidungen widerstreben. Dann sind wir oft selbst dann noch überzeugt, richtig zu liegen, wenn objektive Beobachter:innen schon längst kognitive Verzerrungen erkannt haben, denen wir aufgrund unserer Emotionen unterliegen.
Doch auch wenn wir scheinbar logisch denken, bedienen wir uns oft sogenannter Heuristiken, also gedanklicher Vereinfachungen, um mit komplexen Fragestellungen besser zurechtzukommen. Entsprechend wichtig ist es zum Beispiel bei der Strategieentwicklung, darauf zu achten, dass wir nicht in die Falle tappen, schwierige Fragen durch einfache, emotional zugänglichere zu ersetzen.

Sieben Tipps für bessere strategische Entscheidungen

Doch wie können wir uns vor einem solch falschen beziehungsweise die Komplexität negierenden Denken schützen? Nachfolgend einige Tipps für eine zielführendere strategische Entscheidungsfindung.

1. **Gute strategische Entscheidungen erfordern Optionen.** Wer (scheinbar) keine Wahlmöglichkeit hat, kann auch nichts entscheiden. Das Entwickeln und Erarbeiten von Optionen erfordert sowohl Kreativität als auch analytisches Denken. Im Team generieren wir in der Regel mehr zukunftsweisende Optionen, als wenn wir allein, sozusagen im stillen Kämmerchen, darüber nachdenken „Was gilt es zu tun, um das Ziel X zu erreichen“ – zumal Personen und Organisationen in der Regel nicht ein Ziel, sondern eine Vielzahl von Zielen haben, die sich wechselseitig beeinflussen.
2. **Die Optionen auch mit „Querdenkern“ erörtern.** Also mit Personen, die aufgrund ihrer Biografie oder Funktion eine andere Sicht als wir selbst zum Beispiel auf die Ist-Situation, die Organisation, den Markt, die technische Entwicklung haben. Dabei geht es nicht primär darum, einzelne Optionen zu verwerfen, sondern die hinter ihnen steckenden Annahmen und Schlussfolgerungen zu erkunden und zu hinterfragen, um so eventuell zu einer anderen Sicht der Dinge und anderen Entscheidungen zu gelangen. Denn wir Menschen neigen dazu, vor allem Informationen wahrzunehmen, die unseren Wünschen und Werten entsprechen. Auch das Einbinden externer Dritter mit einem branchenfremden Blick auf den Entscheidungsgegenstand hilft oft, subjektive Erklärungen für komplexe Phänomene aufzudecken und vorschnelle Beurteilungen und Reaktionen zu vermeiden.
3. **Expert:innen in den Entscheidungsprozess einbinden.** Expert:innen können und wollen oft nicht entscheiden – weil sie alle „Wenns“ und „Danns“ und „Unter der Voraussetzung, dass ...“ im Kopf haben. Nötigen Sie als Top-Manager:in bzw. -Entscheider:in sie nicht dazu, diese Rolle wahrzunehmen; nutzen Sie jedoch ihre Expertise, um sich zu fragen, ob Sie eventuell ein übertriebenes Vertrauen in sich selbst, Ihre Annahmen, Ihr Vorhaben, Ihre Organisation, gewisse Technologien usw. haben. Gerade in der Vergangenheit sehr erfolgreiche Manager:innen tappen oft in die „Vermessenheitsfalle“.
4. **Strategische Entscheidungen „in Ruhe“ treffen.** Treffen Sie folgenschwere Entscheidungen nicht, wenn Sie gestresst oder emotional aufgewühlt sind, sozusagen im Hauruck-Verfahren, denn; „When emotions rise, intelligence drops!“ Schlechte Laune, Stress und Druck machen uns anfälliger für kognitive Verzerrungen. Und bevor Sie strategische, vermutlich folgenschwere Entscheidungen verkünden, sollten Sie zumindest noch mal eine Nacht darüber schlafen.
5. **Das Bauchgefühl und die Entscheidung hinterfragen.** Fragen Sie sich zum Beispiel: Welche Motive, Wünsche, Hoffnungen meinerseits (ver-)leiten mich dazu, diese Option beziehungsweise Entscheidung zu präferieren? Welche aus Erfahrung gespeisten Glaubenssätze von mir stecken dahinter, die eventuell in einem veränderten Umfeld keine Relevanz mehr haben? Denken Sie daran: Zu viel Ego und Vertrauen in die gesammelte Erfahrung kann – für Sie und Ihr Unternehmen – sehr teuer werden; diese Erfahrung haben im zurückliegenden Jahrzehnt schon viele Unternehmen gesammelt.
6. **Schaffen Sie eine normierte, objektive Basis für Ihre Entscheidung.** Machen Sie deshalb, bevor Sie eine endgültige Entscheidung treffen, die Optionen vergleichbar – zum Beispiel, indem Sie anhand eines aus Ihren Zielen abgeleiteten Kriterienkatalogs auflisten,
   - was für oder gegen sie spricht,
   - auf welchen Annahmen und Voraussetzungen deren potenzieller Erfolg basiert,
   - welche Investitionen unter anderem an Zeit und Geld ihre Realisierung erfordert,
   - welche Chancen und Risiken damit verbunden sind.

   So schaffen Sie eine objektive Entscheidungsbasis, selbst wenn diese auch weiterhin auf Annahmen beruht.
7. **An schlechten Entscheidungen nicht festhalten.** Dies gilt auch,

Immer gut bei Entscheidungen: eine Nacht darüber schlafen.

Wer führt, muss Risiken eingehen.

wenn Sie oder Ihre Organisation schon viel Zeit und Geld in deren Umsetzung investiert haben, und das (öffentliche) Eingestehen einer (partiellen) Fehlentscheidung Mut erfordert. Strategische Entscheidungen nehmen stets die Zukunft gedanklich vorweg und beruhen auf zahlreichen Annahmen – zum Beispiel darüber, wie sich der Markt entwickelt. Oder darüber, was in einigen Jahren technisch möglich sein wird. Und diese können sich als (partiell) unzutreffend erweisen. Deshalb müssen strategische Entscheidungen regelmäßig überdacht und gegebenenfalls nachjustiert und zuweilen sogar über Bord geworfen werden.

Manager:innen müssen entscheiden, das ist ihr Job

Generell gilt: Strategische Entscheidungen können sich stets – selbst wenn der Entscheidungsprozess optimal gestaltet war – als teilweise falsch erweisen. Dies gilt in der von rascher Veränderung und sinkender Planbarkeit geprägten VUKA-Welt mehr denn je – auch weil in ihr immer wieder sogenannte „Schwarze Schwäne", also unverhofft eintretende Ereignisse (wie die Corona-Pandemie, der Ukrainekrieg und die Neuordnung der Weltwirtschaftspolitik) die Grundlagen der Entscheidungen obsolet machen.
Das befreit Sie als Manager:in oder Führungskraft aber nicht von der Aufgabe, zu entscheiden: Wer führt, muss Entscheidungen treffen und die damit verbundenen Risiken eingehen.
Umso wichtiger ist es, die mit einer Entscheidung verbundenen Risiken zu kennen und sich bewusst zu sein: Die Entscheidung, zum Beispiel für eine neue Unternehmensstrategie, ist letztlich stets eine Wette auf eine ungewisse Zukunft. Entsprechend wichtig ist es zudem, dass

- wir in Ergebnissen denken,
- uns gestatten, getroffene Entscheidungen zu hinterfragen, und
- den Mut haben, im Bedarfsfall den Kurs neu zu justieren.

Die Zukunft aktiv gestalten

Machen Sie sich beim Entscheiden jedoch stets bewusst: Der schlechteste Weg, den man – als Unternehmer:in, Manager:in oder Führungskraft – in der Praxis wählen kann, ist meist der, keinen zu wählen, also nicht zu entscheiden. Denn dies bedeutet, den Versuch aufzugeben, die Zukunft aktiv zu gestalten. ■

© privat

© privat

Nikola und Klaus Doll leiten die Doll Organisationsberatung, Neustadt an der Weinstraße. Gemeinsam führen sie unter anderem regelmäßig eine „Change-Werkstatt – to go" durch, in der sie mit Führungskräften und Unternehmer:innen Lösungen für akute betriebliche Probleme erarbeiten.

www.doll-beratung.de

KRITIK ... WIE SCHÖN!

Wie die Perspektiven der anderen zu Spiegeln und Kraftquellen werden können.

VON **RAINER HERLT**

Vor einigen Tagen las ich einen Beitrag, in dem von anderen geäußerte Kritik als „negative Stimmen" bezeichnet wurde. Beim weiteren Nachdenken darüber hat mich dann die Konnotation „negativ" sogar gestört. Ich möchte die Kritik in ihrer konstruktiven Form aus dieser Bewertungsecke herausholen und sie als eine Quelle der Inspiration und Weiterentwicklung hervorheben. Gerade in der aktuellen Gesellschafts- und Wirtschaftslage scheint es mir wichtig, andere Optionen und Perspektiven von außen als Ergänzung und Vervollkommnung der eigenen Vorstellungen und als einen wichtigen Spiegel der individuellen Zweifel und Ängste zu betrachten und zu nutzen.

Kritik ist nicht gleich Kritik – es kommt auf die Bedingungen an

Selbstverständlich kommt es darauf an, wie Kritik geäußert wird. Der Ton und die Wortwahl machen die Musik. Die Beziehungsqualität zwischen Kritiker:in und Empfänger:in und die Persönlichkeitsstruktur beider Protagonist:innen ebenso. Letztere spielt eine große Rolle dabei, ob eine Kritik bei dem Empfänger oder der Empfängerin als berechtigt empfunden wird oder auch nicht. Und weil hier sehr oft eine Diskrepanz besteht, werden unterschiedliche Perspektiven ebenso oft nicht als Aussage empfunden, sondern als Angriff auf die eigene Person.

Letztendlich ist Kritikfähigkeit eine Frage der Erfahrungen, die wir schon früh in der Kindheit mit kritischen oder bewertenden Rückmeldungen gemacht haben. Unsere Glaubenssätze über uns und die Welt bestimmen auch darüber, wie wir mit Kritik und den uns kritisierenden Menschen umgehen. Die Inhalte sind zweitrangig.

Kritik in der Praxis – Fallbeispiel 1: Bewerbungsmanagement

Ein arbeitsloser Klient kam nach mehreren Absagen zu mir ins Bewerbungscoaching. Er beklagte, dass er die „Leute dort" in den Unternehmen nicht verstehe. Ohne „genau zu prüfen" oder ihn „zum Kennenlernen einzuladen" würden sie ihm eine unpersönliche Absage erteilen. Im weiteren Verlauf unserer Arbeit kamen auch ähnliche Situationen mit unterschiedlichen Vorgesetzten in verschiedenen Firmen zur Sprache. Sie würden ihn ständig in seinen Fähigkeiten unterschätzen und ihm dauernd „reinreden“. Er empfand Kritik in vielen verschiedenen Ausprägungen als persönliche Ablehnung. Auch von Menschen, die ihn, wie die Personaler, gar nicht kannten und seine Bewerbungen nicht berücksichtigten. Hier waren Glaubenssätze wie „Ich bin nichts wert“ und „Niemand gibt mir eine Chance“ im Vordergrund. Das wurde durch das Familienporträt auch bestätigt.

Kritik oder Geplänkel eigener Glaubenssätze?

Kritik empfand mein Klient als Abwertung. Im Coaching fand er Ressourcen, die ihn stärkten, auch für das nächste Vorstellungsgespräch, das ihm einen neuen Job bescherte. Und den Glaubenssatz „Niemand gibt mir eine Chance“ konnte er, angelehnt an „The Work“ von Byron Katie, umdefinieren zu „Ich gebe mir eine Chance“ und „Das Leben gibt mir alle Chancen“. Denn die Arbeitslosigkeit und die vielen Absagen können dazu beitragen, dem Berufsweg noch einmal eine neue Richtung zu geben. Beide Coaching-Ansätze führten dazu, dass er ohne Grübeln über die eigene Unzulänglichkeit, die ja nur von außen „eingepflanzt“ wurde, wieder besser ein- und durchschlafen konnte. Ein sicher extremer und gleichzeitig typischer Fall von dem Zusammenspiel eines früh etablierten inneren Kritikers, der ins Außen auf alle möglichen Personen und Situationen projiziert wurde.

Kritik in der Praxis – Fall 2: Präsentation während einer Teamsitzung

Bei einer Teamsitzung eines Vertriebsteams, an der ich als Supervisor teilnahm, wurde teilweise deutliche Kritik an der Präsentation einer Kollegin geübt, die sich viel Mühe damit gegeben hatte, neue Vertriebskanäle auf Social-Media-Plattformen zu erkunden. Die etwas älteren Kolleg:innen fanden diese Ideen zu progressiv, weil sie den direkten Kundenkontakt für ihr lange im Markt befindliches Produkt für unersetzlich hielten. Sie argumentierten, dass ihre Kund:innen für neue Vertriebswege nicht empfänglich seien und diese Plattformen doch eher einen zweifelhaften Ruf hätten. „Das wertet unsere Produkte und auch das ganze Unternehmen ab, wenn wir jetzt auf Instagram und TikTok mitmachen“, war der etwas ärgerlich und gleichzeitig sachlich vorgetragene Tenor der Kritik. Die viel jüngere Kollegin, die noch nicht so lange im Team war, reagierte zunächst irritiert und konterte dann mit Gegenargumenten: „Wenn wir nicht das jüngere Publikum ansprechen, gibt es keinen Zuwachs, und wenn ihr nicht mit der Zeit geht, werdet ihr auch nicht mehr erfolgreich sein.“ Sie nahm also die Verteidigungsposition ein. Ein Pingpongspiel von Argumenten und Gegenargumenten nahm seinen langen Lauf. Das passiert immer dann, wenn Menschen sich zu sehr mit ihren Ideen identifizieren. Dann bauen sie einen Schutzwall um diese Idee, als wäre es ein Angriff auf ihre Burg, auf ihre Person.

Was sagt mir der Widerstand über meine eigenen Zweifel?

Kritik oder Spiegel eigener Defizite?

Im Einzelgespräch mit ihr stellte ich später fest, dass die Kollegin schon bei der Vorbereitung nicht sicher war, ob diese Vorschläge bei allen Teammitgliedern ankommen. Gleichzeitig hatte sie sich so intensiv auf ihre Präsentation vorbereitet und aus ihrer Sicht alle Argumente für einen Erfolg der neuen Vertriebskanäle gesammelt. Sie wollte unbedingt beweisen, dass ihre Ideen marktfähig sind und das Produkt und Unternehmen weiterbringen. Sie hatte alles so gut vorbereitet … und dabei nicht berücksichtigt, dass ihre eigenen Zweifel noch im Raum standen. Doch statt diese zu bearbeiten und so gut es geht zu entkräften, hatte sie vor lauter Selbstbegeisterung auf die Vorteile gesetzt.

Zwischen Reiz (Kritik) und Reaktion liegt die eigene Befindlichkeit

Es kommt häufig vor, dass selbst bei sachlicher Kritik die eigene Position verteidigt wird, statt Bedenken anderer als Quelle für passende Alternativen zu verstehen. Und, wie in dem dargestellten Fall der jungen Mitarbeiterin, als Spiegel eigener Zweifel. Besonders im Business-Kontext sehen sich die Menschen unter Erfolgsdruck und möchten beweisen, dass sie sich Gedanken gemacht haben. Mängel und potenzielle Ablehnung werden als Niederlagen gesehen. Dabei gibt es keine perfekten Lösungen für alle. Da der Erfolgsdruck in den Köpfen der Menschen entsteht, wird auch dort auf ihn auf der Basis der eigenen Werte reagiert. Und wenn etwa, wie weit etabliert, Perfektion und Stärke hohe Werte darstellen, werden Ergänzungen oder Alternativen nur widerwillig oder gar nicht akzeptiert. Statusmanagement spielt auch eine Rolle: „Von dem/der lasse ich mir gar nichts sagen.“

Diese Lösungsfragen können in solchen Momenten weiterhelfen:

- „Was an der Kritik könnte eine Ergänzung darstellen?“
- „Was sagt mir der Widerstand über meine eigenen Zweifel? Wie kann ich sie reduzieren?“
- Im speziellen, gleichzeitig auch klassischen Fall: „Was an den neuen Vorschlägen kann auch die konservativen Personen begeistern?“

In Teams wird viel Zeit für Imagekämpfe und Gewinner-Verlierer-Spielchen verschwendet.

Kritik als Quelle neuer Ideen und persönlicher Ressourcen

Es geht also darum, Kritik als Chance, als Entwicklungsknoten, als Ergänzung und Impuls für Nacharbeiten zu betrachten. Und als Möglichkeit, eigene Zweifel, Defizite, Glaubenssätze und Antreiber zu hinterfragen. Dabei kann auch die altbekannte Formel der Wenn-dann-Pläne helfen. Prinzip: Wenn jemand XY erwidert – was sage ich dann? Wie argumentiere ich? Welche Reaktionen sind optimal für eine konsensierte Lösung?

Kritik spiegelt unsere eigenen Befürchtungen und Begrenzungen

Die Spiegel-Funktion ist nicht zu vernachlässigen. Meine Reaktion hat immer zunächst etwas mit mir zu tun, weniger mit den Kritiker:innen. Wenn diese äußeren Kritiker:innen beispielsweise meinen inneren Kritiker triggern, sollte eine Innenschau stattfinden, kein Schuldverhalten im Außen. Das nennt man dann Spiegelgefecht. Und das führt nie zu einer befriedigenden Lösung. Und vor allem: Wir lernen dann überhaupt nichts im Sinne verbesserter Kritikfähigkeit dazu.
Im Falle des sich schlecht behandelt fühlenden Bewerbers haben die längere Arbeitslosigkeit und die wiederholten Absagen sein selbstabwertendes Selbstbild gespiegelt, das dringend eines stärkenden „Updates" bedurfte. Im zweiten Fall ist der jungen Kollegin die Unzulänglichkeit ihrer Ideen in Form von Widerständen gespiegelt worden. Und sie hat dann selbst einerseits entdecken können, dass sie wichtige Aspekte nicht bedacht hatte und diese im Vorfeld zwar kurz erkannt, dann vor lauter Euphorie ihren Nutzenargumenten geopfert hatte.

Freuen Sie sich auf Kritik!

Natürlich kommt es immer darauf an, wie Kritik geäußert wird. Destruktive Kritik gehört zu einem anderen Kapitel. Mir geht es darum, zu beleuchten, dass Sinn und Nutzen von Kritik in großem Maße davon abhängen, als wie berechtigt die Kritiknehmer:innen sie empfinden. Wir entscheiden selbst, ob Kritik wie negative Stimmen oder wie Anregungen ankommt. Wir sind verantwortlich für die eigene Reaktion darauf und deren Konsequenzen. Am besten, Sie nutzen sie als Spiegel und Kraftquelle.

Kritik als Effizienz-Booster in Unternehmen

Wenn wir in Unternehmen und deren Teams Kritik als Inspiration ernst nehmen statt sie als Einmischung oder Angriff zu betrachten, könnten wir viel Zeit, die für Imagekämpfe und Gewinner-Verlierer-Spielchen verschwendet wird, für konstruktive und vertrauensvolle Zusammenarbeit nutzen, die dann schnellere, tragfähige und wertschöpfende Lösungen für das Ganze zum Ergebnis haben. ■

© privat

Rainer Herlt
Trainer und Coach für Managemententwicklung. Schwerpunkte u.a. systemische Aufstellungen und Ressourcenarbeit und Mindshift-Coaching.
www.ressourcentraining.org

WIE DAS KANINCHEN VOR DER SCHLANGE

Oder wie Sie trotz digitaler Veränderungen im Netz handlungsfähig bleiben.

VON **CHRISTOPH ZIEGLER**

Veränderungen gehören zu unser aller Leben. Aber selten fühlen sie sich so richtig bequem an, oder? Wehe, wenn etwas unsere geliebte Komfortzone tangiert! Besonders in der digitalen Welt des Social-Media-Alltags, in der uns ständig neue Algorithmen, Plattform-Updates, wechselnde Trends und ständig neue Einstellungen, Funktionen, Designs und vorgefilterte Beiträge begegnen, geraten viele in eine Art Schockstarre. Auch mir geht das als erfahrener „Onliner“ so.

Das Bild vom Kaninchen vor der Schlange beschreibt diese Lähmung ganz treffend: Wir sehen die Gefahr, die Unsicherheit – und tun erst einmal gar nichts. Außer Schnappatmung vielleicht. Doch was, wenn diese Paralyse gar nicht notwendig ist? Machen wir uns das also erst einmal bewusst: einatmen, ausatmen.

Wie können wir trotz ständiger Veränderungen handlungsfähig bleiben und unsere Online-Sichtbarkeit gezielt steuern? Die Antwort liegt in einem systemischen Blick auf das, was wir wirklich kontrollieren können.

Systemische Perspektive: The Circle of Influence

Ende der 1980er-Jahre beschrieb Stephen Covey sein Modell um den sogenannten *Circle of Influence*. Um den inneren Kern (Circle of Control) können wir uns vollumfänglich kümmern, das ist unsere Komfortzone. Außerhalb unseres Einflussbereiches liegen die größeren Vorhaben des Universums, wie beispielsweise das Wetter, Krankheiten und sonstige Dinge in der Außenwelt (Circle of Concern). Die gute Nachricht: Es gibt ihn, unseren Einfluss im Zwischenraum, im *Circle of Influence*. Hier treten wir in Interaktion mit anderen – hier gestalten und beeinflussen wir. Vollständige Kontrolle muss aus meiner Sicht auch gar nicht sein. Denn so findet letztlich Entwicklung statt.

Übertragen wir dieses Modell auf die digitale Welt, wird schnell klar: Social-Media-Plattformen wie Facebook,

Instagram oder LinkedIn liegen weitgehend außerhalb unseres Kontrollbereichs. Algorithmen ändern sich spürbar oder gefühlt über Nacht, Reichweiten sinken plötzlich und Updates machen ganze Marketingstrategien zunichte. Auch politische Entscheidungen der Inhaberschaft lassen den Wind aus einer Richtung wehen, die sich für uns nicht so entspannt anfühlt.

Und an dieser Stelle kommt der entscheidende Perspektivwechsel ins Spiel: der Umgang mit ungewollten Entwicklungen.

Mein Ansinnen ist es als Selbstständiger, in Autarkie zu leben und meinem Freiheitsdrang nachgehen zu können. Wahrscheinlich geht das vielen Coaches, Trainer:innen und Berater:innen ähnlich. Sicherlich ist uns klar, dass neue Aufträge und Mandate nicht nur durch Mundpropaganda, sondern auch durch digitale Recherche zustande kommen.

Vitamin B und persönliche Netzwerke sind das eine, Bewertungen auf einschlägigen Plattformen das andere. Last but not least: Die Kontrolle, ein Gegengewicht, scheint vonnöten. Ich sprach von der guten Nachricht.

Digitale Resilienz: Stabilität in einer instabilen Welt schaffen

Kontrolle über unsere eigenen Kanäle haben wir beispielsweise mit unserer Website und einem eigenen Newsletter. Sie gehören zu unserem unmittelbaren Einflussbereich. Wenn Sie so wollen, sind das die digitalen Immobilien in einer volatilen VUKA-Welt.

Digitale Resilienz bedeutet hingegen nicht, Veränderungen einfach zu ignorieren. Vielmehr sollten wir flexibel auf sie reagieren und unser stabiles Fundament im Blick behalten. In der digitalen Welt bedeutet das: Setzen Sie auf Sichtbarkeit und Wege, die Sie autark bespielen können, damit Sie Ihr Fundament gegebenenfalls optimieren und stabilisieren können.

Sehen Sie Ihre Website als digitales Zuhause: Ihre Homepage ist mehr als nur eine statische Visitenkarte. Sie ist der Ort, an dem Sie Ihre Persönlichkeit, Ihr Tun, Ihre Marke präsentieren, Ihre Expertise zeigen und die potenzielle Kundschaft in Ihren Kosmos ziehen. Im Gegensatz zu Social Media sind und bleiben wir hier unabhängig von Algorithmen und Plattformregeln.

Newsletter als direkte Verbindung: Während die Kommunikation in sozialen Netzwerken nicht selten einer Einbahnstraße gleicht, stellt sich der Newsletter wie ein „Liebesbrief" dar und ist eine direkte Linie zu Ihren Empfänger:innen. Menschen, die sich für Ihren Newsletter angemeldet haben, haben bereits echtes Interesse gezeigt und doppelt geklickt (Double Opt-In). Sie bestimmen, in welcher Taktung Sie wann und wie kommunizieren – ohne Filter oder Reichweitenbeschränkungen.

Unabhängigkeit von Trends: Mittel- und langfristige Trends sowie auch kurzfristige Hypes kommen und gehen. Erinnern Sie sich noch an Google+ oder Clubhouse? Plattformen können von heute auf morgen nach anfänglicher Euphorie schnell an Charme oder Bedeutung verlieren. Website und Newsletter hingegen bleiben bestehen; ganz gleich, wie sich der digitale Wind gerade dreht.

> Plattformen können von heute auf morgen an Bedeutung verlieren.

Handlungsorientierte Strategien: Website und Newsletter als Anker

Jetzt, wo wir wissen, wo unser Einfluss liegt, stellt sich die Frage: Wie können wir diese Kanäle effektiv nutzen, um sichtbar zu bleiben?

Die eigene Website wird überall gefunden, selbst (oder gerade) wenn wir nicht in Social Media präsent sind. Ein immenser Vorteil ist, dass wir die Menschen mitnehmen, die sich in den sozialen Netzwerken bedeckt halten oder zurückziehen. Eine Suchmaschine bedienen wir alle, schließlich steht Google mittlerweile im Duden, das dazugehörige Verb steht für „suchen im Internet".

Damit sind wir bereits beim nächsten Punkt: Aktualität. Halten Sie Ihre Inhalte up to date. Ein veralteter Blog oder nicht mehr funktionierende Links schrecken Besucher:innen ab. Sie müssen dort nicht jede Woche mit einem neuen Beitrag aufwarten. Eine Terminaktualisierung, ein neuer Artikel alle vier bis sechs Wochen, das Hinzufügen eines neuerlichen Meilensteines auf der Über-mich-Seite reichen für ein frisches Look & Feel aus.

Sicherlich haben Sie schon einmal etwas von Suchmaschinenoptimierung (SEO) gehört. Diese Arbeit zahlt sich am Ende immer aus. Keywords, also Ihre Suchbegriffe, gerne auch als Fragen im Titel eines Blogartikels formuliert, sind das Gebot der Stunde. Parallel schlagen Sie mehrere Fliegen mit einer Klappe:

- Ihre Website ist in Gänze aktuell – Google merkt das automatisch.
- Ihr Publikum erfährt Neues.
- Sie bauen Vertrauen zu Ihrer Zielgruppe auf.
- Der Blick hinter die Kulissen unterstreicht eine persönliche Note.

Das ist der erste Schritt, der uns direkt zum zweiten bringt, dem **eigenen Newsletter**. Wenn Sie diesen als eine Art Liebesbrief an Ihr Gegenüber verstehen, können Sie ihn effektiv nutzen. Verschicken Sie nicht nur Werbung, sondern bieten Sie echten Mehrwert – in Form von kleinen, wertvollen Tipps, Einblicken in Ihren Geschäftsalltag oder auch exklusiven Angeboten, die es nur hier gibt.

Ein Newsletter ist der perfekte Ort, Persönliches (nicht Privates!) preiszugeben. Kleine Geschichten sind echt, machen sympathisch und zahlen auf Ihre Vertrauenswürdigkeit ein.

Indem Sie Ihre Website und Ihren Newsletter pflegen, bauen Sie sich ein stabiles Fundament.

Aber Vorsicht! Ein sporadischer Newsletter verliert an Wirkung. Finden Sie einen Rhythmus, der zu Ihnen und Ihrer Zielgruppe passt. Der Workflow muss sich auch in Ihren Alltag integrieren. Übrigens, es ist egal, ob Sie für eine:n oder hunderte Abonnent:innen einen Newsletter schreiben. Wirklich.
Synergien zwischen Website und Newsletter zu schaffen, ist ganz einfach. Verlinken Sie in Ihrem Newsletter die (gerade veröffentlichten) Blogartikel, die auf der Website ausführlicher formuliert sind. Auch der Griff in die (vermeintliche) „Mottenkiste" ist populär und mindestens angebracht. Schließlich gibt es Beiträge ohne Ablaufdatum – sogenannten *Evergreen Content.*
Ein dauerhaftes „digitales Grundrauschen" ist die Folge.

Fazit: Die Wahl treffen – von der Reaktion zur proaktiven Gestaltung

Die digitale Welt wird sich weiterverändern, uns potenziell weiterhin stressen. Daran können wir nichts ändern. Doch wir können entscheiden, wie wir damit umgehen. Bleiben wir das Kaninchen vor der Schlange, das gelähmt auf die nächste Veränderung starrt? Oder werden wir aktiv und konzentrieren uns auf das, was wir kontrollieren können? Indem Sie Ihre Website und Ihren Newsletter pflegen, bauen Sie sich ein stabiles Fundament, das Sie unabhängiger von externen Plattformen macht. Sie schaffen sich eine digitale Heimat, die nicht von den Launen Dritter abhängt.
Die Entscheidung liegt ganz bei Ihnen. Handeln oder abwarten? Denn wahrscheinlich haben Sie es bereits geahnt: Es gibt immer einen (Aus-)Weg, selbst in unsicheren Zeiten. ■

© Daniel Schmitt

Christoph Ziegler ist zertifizierter Social Media Manager (IHK), Qualitätsmanager (TÜV), Ausbildungskoordinator (BDVT), Trainer (neues lernen e.V.), Systemischer Coach (DCV). Sein Steckenpferd ist die digitale Kommunikation in und mit Social Media. Als Inhaber der Beratungsagentur kumulus schult er seit 2012 mit seinem Credo „Offline-Business online beleben." Selbstständige, Unternehmen und Unternehmer:innen on- und offline, moderiert Netzwerke, Communitys und Veranstaltungen, hält Vorträge und gibt Workshops, Trainings und Seminare.
www.kumulus-socialmedia.de

DIE MELODIE DES WANDELS

Coaching-Transferaufgaben kreativ mit KI gestalten.

VON **MIA QUICK**

Stellen Sie sich vor, Ihr:e Klient:in verlässt hochmotiviert und voller Tatendrang die Coaching-Sitzung. Alles scheint klar: die nächsten Schritte, die Vision, das neue Selbstbild. Es ist spürbar, da hat sich wirklich etwas bewegt. Und dann kommt der Alltag. Neue Gedanken brauchen manchmal ein wenig Zeit, bis sie sich in gewohnte Abläufe einfügen. Es ist ganz normal, dass die Energie aus der Sitzung im Laufe der Woche abnimmt oder die Klarheit ins Wanken gerät. Veränderung ist eben kein Schalter, den man einfach umlegt. Sie ist ein Prozess. Und genau deshalb ist es so hilfreich, wenn man als Coach Werkzeuge zur Hand hat, die diesen Prozess unterstützen. Kleine Impulse, die dabei helfen, das Neue nicht nur zu denken, sondern auch zu leben.

Vielleicht erinnern Sie sich an das Framework für *KI-assistiertes Coaching*, das Sie im letzten Artikel dieser Serie kennengelernt haben. Die *KI-assistierte Prozessoptimierung* bildet darin die Spitze des Eisbergs, also den Bereich, in dem Ihre Kernkompetenz als Coach zum Tragen kommt – wie Sie Coachingprozesse aufbauen, begleiten und abrunden, von der Vorbereitung bis zur Nachbereitung. In diesem Artikel liegt der Fokus auf der Nachbereitung und auf einer konkreten Möglichkeit, wie Sie an dieser Stelle mit KI als Assistent an Ihrer Seite, gezielte Impulse setzen können.

Im Zentrum stehen sogenannte Mikrotransferaufgaben – kleine, praxistaugliche Übungen, von denen Sie vielleicht schon einmal gehört haben oder die Sie selbst bereits in Coachings einsetzen, um Inhalte über die Sitzung hinaus wirksam zu machen. Sie sind in vielen Prozessen fest verankert und bieten viel Raum für individuelle, kreative Gestaltung. Besonders wirkungsvoll werden sie dann, wenn sie nicht nur verstanden, sondern auch gelebt werden können. Und genau wie im Coaching gilt auch hier: Je besser eine Aufgabe zum Klienten oder zur Klientin passt, inhaltlich und im Hinblick auf ihre aktuelle Situation, desto eher wird sie angenommen und umgesetzt. Hier setzt KI an und kann Sie als Assistent unterstützen. Sie hilft Ihnen dabei, in kurzer Zeit wirksame Ideen zu entwickeln, die stärken, motivieren und den Transfer in den Alltag erleichtern.

Doch bevor wir konkret darauf eingehen, ist es zunächst wichtig, zu verstehen, welchen Mehrwert Mikrotransferaufgaben mit sich bringen. Machen wir das an einem Beispiel fest: Vielleicht kennen Sie das aus eigener Erfahrung: Während einer Fahrstunde mit Ihrer Fahrlehrerin oder Ihrem Fahrlehrer fühlen Sie sich sicher und alles gelingt problemlos. Doch kaum sitzen Sie das erste Mal allein hinter dem Steuer, erscheint Ihnen alles plötzlich ungewohnt und Unsicherheiten tauchen auf. Mikrotransferaufgaben bieten hier die entscheidende Unterstützung, um theoretisches Wissen sicher und nachhaltig in den praktischen Alltag zu übertragen.

Bei emTrace®, einem integrativen Emotionscoaching-Ansatz, der von Dirk W. Eilert entwickelt wurde, nutzen wir in der Eilert Akademie das Bild eines Ressourcengärtners. Die Idee dahinter: Im Coaching werden verschiedene innere Ressourcen wie kleine Samen gesät, damit sie später wachsen und sich entfalten können. Damit das gelingt, brauchen sie nach der Sitzung gezielte Impulse und Pflege. Und hier kommen die Mikrotransferaufgaben ins Spiel. Denn wir können Inhalte am zuverlässigsten abrufen, wenn die Bedingungen, unter denen sie gelernt wurden, möglichst gut mit der späteren Anwendung übereinstimmen. Dieser Zusammenhang ist für die Wirksamkeit von Emotionscoaching besonders bedeutsam, gerade wenn es darum geht, Veränderung nicht nur zu erkennen, sondern auch tatsächlich zu leben. Für viele Klient:innen entsteht das Gefühl von echter Wirksamkeit oft dann, wenn sich die Inhalte aus der Sitzung auch im weiteren Verlauf ihres Lebens bewähren und spürbar etwas in Bewegung bringen. Wie wirkungsvoll Mikrotransferaufgaben tatsächlich sind, zeigt auch ein Blick in die Forschung. Eine Meta-Analyse von Kazantzis et al. (2016)[1] weist darauf hin, dass vor allem zwei Faktoren entscheidend sind: Quantität und Qualität der Übungen. Dabei spielt es eine entscheidende Rolle, wie regelmäßig eine Aufgabe durchgeführt wird und in welchem Maß sie auf die individuellen Fähigkeiten und Entwicklungsziele der Klient:innen abgestimmt ist. Beides beeinflusst maßgeblich, wie gut neue Erkenntnisse in der Praxis verankert werden können.

Dieser Artikel stellt Ihnen eine kreative Variante der Mikrotransferaufgabe vor, die Ihren Coachingprozess gezielt ergänzen kann und sich mit einfachen Mitteln umsetzen lässt. Stellen Sie sich vor, nach einer intensiven Coachingsitzung bekommt Ihr:e Klient:in nicht

1 Kazantzis, N., Whittington, C., Zelencich, L., Kyrios, M., Norton, P.J., & Hofmann, S.G. (2016). Quantity and Quality of Homework Compliance: A Meta-Analysis of Relations With Outcome in Cognitive Behavior Therapy. Behavior Therapy 47(5), 755-772. doi: 10.1097/WNR.0000000000000255

emTrace® Ressourcengärtner

nur gute Gedanken mit auf den Weg, sondern ein eigens für sie/ihn erstelltes Lied. Ein Song, der das Thema der Sitzung aufgreift, das Zielbild hörbar macht und über die Musik weiterträgt, was im Coaching angestoßen wurde. Genau hier liegt die Stärke dieser Aufgabe. Sie knüpft dort an, wo Worte manchmal nicht mehr reichen, und lässt das Neue noch ein Stück tiefer wirken. Und das Beste: Sie brauchen dafür kein Tonstudio und auch kein musikalisches Talent, nur ein paar präzise Angaben und eine KI, die Sie bei der Umsetzung als Assistent unterstützt. (Übrigens: Wenn Sie möchten, können Sie diesen Artikel auch wieder als Audio anhören. Scannen Sie dazu einfach den QR-Code am Ende des Artikels.)

Wenn Sie wissen wie, können Sie mithilfe von KI und erstaunlich wenig Aufwand ein solches Lied kreieren. Im Folgenden erfahren Sie Schritt für Schritt, wie Sie ein individuelles Lied für Ihre Klient:innen gestalten. Alles, was Sie dafür brauchen:

- Einen ChatGPT Account unter openai.com/chatgpt (die kostenlose Version ist ausreichend)
- Das Lieblingsgenre Ihrer Klientin/Ihres Klienten
- Den Masterprompt (siehe unten)
- Einen Account bei Suno unter suno.com/home (die kostenlose Version ist ausreichend)

ChatGPT erstellt auf Grundlage des Masterprompts und des gewünschten Musikstils einen Songtext, der die zentrale Herausforderung Ihrer Klientin bzw. Ihres Klienten, das angestrebte Zielbild und die vorhandenen Ressourcen aufgreift. Ihre Aufgabe als Coach besteht darin, diese drei Elemente in zwei bis drei Sätzen präzise zu beschreiben. Das genügt bereits als Ausgangspunkt, damit die KI einen passenden und emotional wirksamen Songtext entwickeln kann. Sobald Sie diese Informationen zusammengestellt haben, können Sie direkt loslegen.

Schritt 1: So legen Sie den Grundstein

Zunächst geben Sie den Masterprompt in ChatGPT ein. Achten Sie dabei darauf, die Platzhalter nicht zu knapp zu füllen. Ein oder zwei Stichwörter reichen in der Regel nicht aus. Besser ist es, die Herausforderung, das gewünschte Zielbild und die vorhandenen Ressourcen Ihres Klienten oder Ihrer Klientin in wenigen klaren Sätzen zu beschreiben. Je konkreter Sie werden, desto besser kann ChatGPT die Richtung des Songs erfassen und einen stimmigen Text erstellen. Damit ChatGPT Ihren Songtext gut umsetzen kann, geben Sie bitte den folgenden Prompt inklusive aller Überschriften so ein, wie er hier nachfolgend steht. Ersetzen Sie dabei nur den Text in den geschwungenen Klammern {} durch Ihre eigenen Angaben.

Masterprompt für einen individuellen Coaching-Song

Rolle:
Du bist ein kreativer Songwriter, der motivierende und emotionale Liedtexte schreibt, um Klienten in ihrem Entwicklungsprozess zu unterstützen. Dein Ziel ist es, einen deutschen Song zu kreieren, der die Identität des Klienten stärkt und ihn dabei unterstützt, sein neues Selbstbild zu festigen.

Kontext:
Ich bin Emotionscoach und hatte gerade eine Sitzung mit meinem Klienten.

Thema des Coachings war:
→ {*Kernthema oder Herausforderung des Klienten*}
Mein Klient wünscht sich folgende Veränderung/Zielbild für sich:
→ {*Ziel oder gewünschte innere Haltung des Klienten*}
Stärken oder Ressourcen, die mein Klient bereits in sich trägt oder entwickeln möchte:
→ {*z.B. Mut, Empathie, Kreativität, Durchhaltevermögen*}

Musikgenre:
→ {*Lieblingsgenre des Klienten, z.B. Pop, Indie-Folk, Schlager*}
Erstelle eine „Style of Music"-Beschreibung in Form von kurzen Schlagwörtern auf Englisch, die das Genre treffend beschreiben (z. B. „dream pop, atmospheric, ethereal vocals"), passend für Suno: https://suno.com. Füge hinzu, dass es eine {*männliche/weibliche*} Stimme sein soll.

Länge des Songs: ca. 3 Minuten

Tonalität & Stil:
- Füge einen Songtitel hinzu
- Emotional, inspirierend und motivierend
- Leicht verständlich und melodisch, damit der Text sich gut singen lässt

- Bildhafte Sprache, die den Klienten emotional erreicht
- Ausschließlich positiver Fokus auf Entwicklung und Wachstum
- Keine negativen Inhalte, Bewertungen oder Deutungen – auch nicht indirekt, kreativ interpretiert oder angedeutet – es sei denn, sie wurden wortwörtlich von mir bereitgestellt
- Wichtig: Der Text soll direkt in Suno eingefügt werden können (ohne Strophenbezeichnungen)

Schritt 2: Der letzte Schliff

Sobald der Songtext generiert wurde, nehmen Sie sich einen Moment Zeit und lesen Sie ihn aufmerksam durch. Fragen Sie sich: Passt die Sprache? Fühlt sich der Text rund an? Falls Sie merken, dass einzelne Formulierungen noch nicht ganz stimmig sind oder Sie sich eine andere Tonalität wünschen, können Sie ChatGPT jederzeit um eine Anpassung bitten. Ein wenig Feinschliff lohnt sich an dieser Stelle, damit der Song später seine Wirkung entfaltet.

Schritt 3: Aus Worten wird Musik

Wenn Sie mit dem Text zufrieden sind, kopieren Sie ihn und wechseln zur Website von Suno. Nachdem Sie sich angemeldet haben, klicken Sie im Menü auf „Create". Dort können Sie zunächst den Schieberegler auf „Custom" stellen, damit Sie Ihren eigenen Text verwenden können. Rechts daneben befindet sich ein Button, über den Sie die Suno-Version auswählen können. Falls die neueste Variante in der kostenlosen Version enthalten ist (meist für zwei Songs), lohnt es sich, diese einfach mal zu testen. Anschließend fügen Sie den Songtext in das Feld „Lyrics" ein. Bei „Styles" können Sie entweder die Beschreibung übernehmen, die Ihnen ChatGPT vorgeschlagen hat oder eigene Schlagwörter auf Englisch eingeben. Außerdem haben Sie die Möglichkeit, Musikrichtung auszuschließen. Diese können Sie bei „Exclude Styles" eintragen (Nach meinen Erfahrungen entstehen bessere Ergebnisse, wenn Sie den Stil auf Englisch eingeben.) Zum Schluss vergeben Sie noch einen Songtitel und klicken auf „Create".

Vom Coachingmoment zur echten Wirkung

Jetzt heißt es: geduldig sein. Suno generiert immer zwei verschiedene Versionen – Sie erhalten also direkt zwei Varianten zur Auswahl. Sobald die Lieddauer angezeigt wird, sind beide vollständig erstellt und Sie können die Songs anhören. Am besten hören Sie beide Versionen einmal komplett durch. Das hilft Ihnen, die Unterschiede wahrzunehmen und eine stimmige Auswahl zu treffen. Die Songlänge variiert je nach gewähltem Genre. Im Masterprompt wurde eine Dauer von etwa drei Minuten angegeben, um sicherzustellen, dass genügend Text generiert wird. Suno passt die Länge jedoch automatisch an. In der kostenlosen Version können Sie bis zu fünf Songs pro Tag erstellen (Stand: April 2025). Falls Sie tiefer in das Tool eintauchen möchten, bietet die Pro-Version (10 $ monatlich, flexibel kündbar) die Möglichkeit, Songs weiter zu bearbeiten. Wenn Ihnen das Freude bereitet, lohnt sich ein Upgrade.

Meine Empfehlung für Sie: Bevor Sie Ihrer Klientin oder Ihrem Klienten den Song schicken, probieren Sie Suno ruhig einmal für sich selbst aus. So bekommen Sie ein Gefühl für die verschiedenen Möglichkeiten und können mit dem Stil experimentieren. Und jetzt noch ein echter Geheimtipp für Sie: Diese Methode eignet sich nicht nur als wertvolles Coaching-Tool, sondern auch als kreative Geschenkidee. Aus eigener Erfahrung kann ich Ihnen sagen: Ein personalisierter Song sorgt für Überraschung, Begeisterung und bleibt garantiert als Ohrwurm im Kopf. Wenn Sie sich noch tiefer mit den Möglichkeiten des *KI-assistierten Coachings* beschäftigen möchten, gibt es viele spannende Wege, um diese Technologie sinnvoll in Ihre Praxis zu integrieren. In meinem Seminar zum KI-assistierten Coach lernen Sie zum Beispiel, wie Sie nicht nur personalisierte Songs, sondern auch maßgeschneiderte Meditationen erstellen und direkt im Anschluss an die Sitzung als Audiodatei an Ihre Klient:innen senden können. Das ist eine weitere Möglichkeit, um Ihren Coachingprozess gezielt zu vertiefen.

Nun haben Sie eine Methode kennengelernt, die sich dem ersten Level der *KI-assistierten Prozessoptimierung* widmet und Ihre Klient:innen dabei unterstützen kann, Erkenntnisse aus der Sitzung im Alltag zu verankern. Veränderung braucht nicht immer große Werkzeuge. Manchmal reicht ein gut gesetzter Impuls, der im richtigen Moment nachwirkt. Genau darin liegt die Kraft von Mikrotransferaufgaben. KI kann Sie dabei als Assistent begleiten und Ihnen helfen, diese Aufgaben noch persönlicher und kreativer zu gestalten. Vielleicht ist diese Methode eine Anregung, wie Sie das in Ihrer Praxis einsetzen können. Und wenn Sie mögen, schreiben Sie mir gern, welche Erfahrungen Sie damit gemacht haben. Ich freue mich drauf. ■

Hier können Sie den Artikel als Audiodatei aufrufen:

© Alexander Hopf

Mia Quick
leitet die Ausbildung zum KI-assistierten Coach an der Eilert Akademie. Mit einem Masterabschluss in IT-Management, einer Zertifizierung als KI-Trainerin und ihrer Qualifikation als emTrace®-Mastercoach verbindet sie technologische Expertise mit tiefgehendem Wissen im Emotionscoaching. Ihre Vision ist es, die Potenziale der künstlichen Intelligenz im Coaching voll auszuschöpfen, um transformative und nachhaltige Veränderungen bei Klient:innen zu ermöglichen. Durch die Integration von KI in Coachingprozesse schafft sie Raum für mehr Menschlichkeit und Empathie, indem sie Coaches befähigt, sich auf das Wesentliche zu konzentrieren: den Menschen selbst.
www.eilert-akademie.de

GESTOLPERT, GEFALLEN, GEWACHSEN

Wie Scheitern zum „richtigen" Weg führt.

VON **MARION BREDEBUSCH**

Bist du schon einmal gescheitert? Wann bin ich bislang in meinem Leben gescheitert? War es meine Ehe, aus der ich mich befreit habe? Oder meine Stelle an der Uni, bei der ich merkte, dass ich unglücklich war und ich mich beurlauben ließ, um meiner „schrecklichen Chefin" zu entgehen? Oder war es nicht eher sogar weise, weil ich damals schon auf mein Gefühl hörte, denn ich spürte, dass ich krank werden würde, wenn ich dabliebe?

Nein, das waren keine Niederlagen, sondern Sollbruchstellen – nicht ganz geradlinige Abschnitte in meiner Biografie, doch goldrichtige Entscheidungen. Bis dahin verlief mein Leben zielstrebig: Einserzeugnis in der Grundschule, Klassensprecherin, Schülersprecherin, Studium mit Auszeichnung, Promotionsangebot vom Lieblingsprofessor und sofortige Job-Angebote.

Doch dann kam ein unerwarteter Einschnitt. Während ich bereits spürte, dass meine Universitätsstelle nicht mehr zu mir passte, ermunterte mich eine Landtagsabgeordnete, für den Landtag zu kandidieren. Eine großartige Chance, die ich voller Enthusiasmus ergriff. Mein Ortsverein stand hinter mir, strategisch klug informierte ich die richtigen Menschen – und dann bekam ich bei der Nominierung der Frauenorganisation nicht die meisten Stimmen. Gerade die Frauen in meiner Partei entschieden sich nicht für mich. Sie hörten damals auf das, was die Männer in ihren Ortsvereinen von ihnen verlangten, und wählten die andere Kandidatin. Damit hatte ich nicht gerechnet. Der Grund? Männer in der Partei hatten eine Gegenkandidatin aufgestellt, um mich zu verhindern, weil ich denen zu „gefährlich" war. Es tat weh. Sehr sogar. Noch dazu war ich hochschwanger mit meinem zweiten Kind und daher mental nicht in der Lage, auf dem Parteitag trotzdem anzutreten. Ein Traum zerplatzte.

Ein weiteres Scheitern folgte kurz darauf. Ich bewarb mich auf die Stelle einer Stadtteilmanagerin – befristet,

Scheitern fühlt sich nicht gut an. Ich fühlte mich klein und ungewollt.

schlechter bezahlt, aber mit Potenzial. Doch hier mischte sich auch die Politik ein, was eher ungewöhnlich ist bei solchen Stellen. Wie mir von einem Vertrauten glaubwürdig berichtet wurde, gefiel den Politiker:innen nicht, dass ich in meinen Vorstellungen so nah an deren Forderungen für ein schöneres Viertel war. Von der Verwaltung wurde ich auf Platz eins der Liste gesetzt – und wegen der Politik wurde die Stelle einfach nicht besetzt. Das Fördergeld floss nie in dieses schöne Viertel.

Nach diesen Erfahrungen blieb mir nur ein Weg: der der Beurlaubung und der Selbstständigkeit. Heute erkenne ich, dass es das größte Geschenk war. Damals aber war es schmerzhaft. Ich musste meine Wunden lecken – aber nicht wie eine Katze, die sich zufrieden schnurrend die Pfoten säubert. Mein Wundenlecken war roh, suchend, tastend – ein Prozess, der erst durch Austausch und Reflexion heilend wurde.

Wunden lecken

Scheitern fühlt sich nicht gut an. Damals gab es noch keine motivierenden Sprüche wie: „Wenn eine Tür sich schließt, öffnet sich eine andere." Ich fühlte mich klein und ungewollt. Hätte ich nicht ein starkes Selbstbewusstsein gehabt, hätte ich vielleicht gar nicht gesehen, dass Selbstständigkeit mein Weg sein könnte.

Doch viel hilfreicher als das Grübeln über das, was hätte sein können, ist die Frage: Was lerne ich daraus? Wofür war es gut? Letztendlich erkennen wir meist das, was Clive Staples Lewis so treffend formuliert hat: „Scheitern ist nur ein Umweg auf dem Weg zum Erfolg."

Was ist überhaupt Scheitern?

Scheitern bedeutet zerplatzte Träume, unerfüllte Hoffnungen, Wege, die nicht zum Ziel führten. Und doch ist es oft der Wendepunkt für Wachstum. So erlebte ich es. Auch wenn es schmerzt. Doch ist das nicht beim Wachsen von Kindern genauso? Wachstumsschmerzen gehören dazu.

Ist Scheitern immer mit Wachstum verbunden?

Nicht immer. Ich begleitete ein Ehepaar, das mit seinem Unternehmen in die Insolvenz ging. Erst zwei Monate vor der Insolvenz sprach der Inhaber erstmals darüber – schwer, fast mit Scham. Seine Frau ging offener damit um. Sie verloren am Ende nicht nur die Firma, sondern auch ihre Ehe. Auf den ersten Blick kein Wachstum.

Doch die Frau erkannte im Nachhinein, wie sehr sich ihr Mann an Statussymbole geklammert hatte und wie wenig echte Verbindung noch zwischen ihnen bestand. Sie fand sich selbst wieder, gewann neue Perspektiven und sogar eine neue Liebe, in der sie sich entfalten kann. Wachstum geschieht, wenn Selbstreflexion gegeben ist. Ihr Mann? Er leckt noch immer seine Wunden. Er spricht nicht darüber. Solange das so bleibt, wird für ihn kein Wachstum möglich sein.

Die Stille um das Scheitern

Schon nach der ersten Coachingbegleitung während einer Insolvenz merkte ich, dass es hier eine große Lücke gibt. Insolvenzen und Scheitern sind Tabuthemen! Die meisten Menschen sprechen nicht darüber. Menschen ziehen sich zurück, aus Scham und Angst vor dem Urteil anderer.

In anderen Ländern ist das anders. Vor Jahren traf ich die Britin Anne Koark, die nach ihrer eigenen Insolvenz eine Kultur des Scheiterns in Deutschland fördert. In ihrem Buch *Zurück auf Start* beschreibt sie offen ihre Erfahrungen und betont, wie wichtig es ist, trotz Rückschlägen weiterzumachen. Sie setzt sich dafür ein, Insolvenz zu entstigmatisieren und als Chance für einen Neuanfang zu sehen, und sagt: „Offener Umgang hilft, Erfahrungen zu nutzen, statt sich zurückzuziehen."

Aus der Stille in die Sichtbarkeit

Als ich die Stille des Unternehmers hautnah als Beraterin mitbekam, stieß ich erstmalig auf *Fuckup-Nights*. Obwohl mir der Name nicht gefiel, mochte ich die Idee dahinter – gescheiterte Unternehmer:innen teilen ihre Geschichten – und wollte solch eine Veranstaltung in Saarbrücken organisieren. Kurz darauf nahm ich an meiner ersten *Fuckup-Night* auf einem Schiff teil, bei der Politiker:innen offen über ihre Scheitererfahrungen sprachen: mit Humor, Offenheit – und Stolz auf das, was sie daraus gelernt hatten. In diesem Moment habe ich begriffen: Scheitern ist kein Makel, sondern ein Kapitel in der Geschichte des Erfolgs.

Der einsame Wolf hat ausgedient

Ein bewusster Scheitermoment war mein Durchfallen in der Prüfung zum Mental-Coach. Anfangs suchte ich nach Sündenböcken und wollte mich zurückziehen, doch ich entschied mich, mit den anderen deren Bestehen zu feiern. Es war ein lustiger Abend, und ich war froh, mich nicht versteckt zu haben. Ich schrieb für das Magazin dieser Mentaltechnik einen Artikel über meine Erfahrung, was zu viel Selbstreflexion und Heilung führte. Ich bin selten so oft auf einen Artikel angesprochen worden, wie auf diesen. Es war ein großartiger Moment des Lernens für mich. Am Ende ging es

Gemeinschaft heilt, Rückzug führt zu Grübeleien und weiteren Versagensängsten.

weniger um die Erfahrung des Scheiterns und um das, was ich aus dem Durchfallen für die nächste Prüfung mitnahm, als um die Erkenntnis: Gemeinschaft heilt, Rückzug führt zu Grübeleien und weiteren Versagensängsten. Der einsame Wolf hat nämlich ausgedient. Als Coach begleitete ich einen jungen Mann bis ins Halbfinale von „The Voice of Germany". Trotz des Misserfolgs feierten wir ihn und die anderen, die nicht weiterkamen, im Hotel wie Stars – was sie ja auch waren. Das half ihm, seinen Weg in der Musik weiterzugehen.

Im Coaching erlebe ich oft, dass vor allem Männer alles gerne mit sich allein ausmachen wollen, was selten funktioniert. Eine Teilnehmerin meiner Mastermindgruppe brachte es vor Kurzem auf den Punkt: „Er denkt, er könne seine Depression im Fitnessstudio heilen." Ein anderer Kunde von mir glaubt, seine Probleme lösen sich, weil er Yoga macht und wenn er im Wald spazieren geht.

Wichtig: der Blick von außen

Wer glaubt, die eigenen Probleme allein lösen zu müssen, verpasst oft den Blick von außen. Sind wir in unseren eigenen Gedanken und Ängsten gefangen, wird der Sorgenberg nur größer.

Ein Kunde von mir steht finanziell gut da, doch sinken die Einnahmen, weil sein Team nicht schnell genug arbeitet. Statt offen mit dem Team zu kommunizieren, entwickelt er sich aus der Angst vor Scheitern zu einer Art „Sklaventreiber". Hätte er transparent erklärt, wie viel Zeit für welche Aufgaben nötig ist, würde das Team mehr Verantwortung übernehmen und Verständnis für seine Unzufriedenheit entwickeln. Interessanterweise erkennt er nicht, dass die Angebote nicht mehr zur Realität der zu reparierenden Geräte passen, was in Wirklichkeit den finanziellen Verlust verursacht – nicht die Langsamkeit des Teams.

Durch die fehlende Kommunikation und Transparenz kann er dies nicht erkennen. Statt also bei sich selbst zu schauen, sucht er einen Sündenbock.

Manchmal ist Scheitern der unbewusste Ausweg aus einer Überlastung

Der Unternehmer, den ich beriet, wollte diese Wegweiser nicht erkennen. Einsame Wölfe wollen manchmal scheitern. Oft steckt hinter Insolvenzen die unbewusste Suche nach einem Ausweg aus der Überforderung. Leider zieht er damit engagierte Mitarbeiter:innen in den Abgrund, weil er sich nicht als Teil des Rudels sieht. Es ist nicht das Scheitern selbst, das ihn belastet, sondern die Angst davor, die ihn lähmt. Wäre er der Leitwolf, würde er sicher anders handeln. Wer jedoch Scheitern als Lernchance begreift, gewinnt neue Freiheit.

Wollen ist die Voraussetzung für Wachstum

Als ich merkte, dass er sich nicht beraten lassen wollte, da er weder die Tools anwendete noch Impulse umsetzte, beendete ich die Zusammenarbeit. Früher empfand ich solche Abbrüche als „Scheitern", doch heute lasse ich meine Kund:innen in ihrer Selbstverantwortung. „Wer nicht will, der hat schon", ist für mich in diesem Kontext mehr als ein Sprichwort.

Ängste passen nicht zum Bild der Männlichkeit

Ein Unternehmer, den ich nach seiner ersten Insolvenz begleitete, teilte mir sofort offen seine Angst vor einer erneuten Insolvenz mit. Wir entdeckten, dass diese Angst tief in einem Erlebnis aus seiner Jugend verwurzelt war, als er von drei anderen Jungen verprügelt und in seiner Männlichkeit gedemütigt wurde. Die Insolvenz fühlte sich für ihn wie eine Wiederholung dieses Erlebnisses an, wie eine Kastration, eine Beschneidung seiner Männlichkeit und seiner männlichen Verantwortung als Familienvater. Durch die Arbeit an seinen Ängsten und seinem Männlichkeitsbild konnte er diese Angst abbauen. Als die Angst vor der Insolvenz weg war, kam der finanzielle Erfolg. Wie bei vielen anderen erlebte ich auch hier, dass es nicht das Scheitern selbst ist, das belastet, sondern die Angst davor. Am Ende des Coachingprozesses sagte er: „Ich habe aus meinen Ängsten gelernt und spreche über sie. Heute bin ich achtsamer, treffe bewusstere Entscheidungen und kann besser mit Rückschlägen umgehen."

Auch andere Klient:innen fanden nach dem Scheitern neue Wege: Eine Klientin sah ihre Rückkehr in die Festanstellung nicht als Niederlage, sondern als bewusste Entscheidung für Stabilität, und ein anderer wagte nach einem Rückschlag eine Selbstständigkeit in einem neuen Bereich. Er sagte rückblickend: „Ohne diesen Rückschlag hätte ich nie den Mut gehabt, das zu tun, was ich wirklich liebe.“ Die scheinbaren Umwege führen uns oft auf die Wege, die für uns die besten sind.

Was bedeutet das für uns als Coaches und Trainer:innen?

Wir arbeiten in der Regel mit Menschen, die wachsen wollen. Wachstum bedeutet Veränderung, die immer auch Misserfolge mit sich bringen kann. Unsere Aufgabe ist es, Räume zu schaffen, in denen Scheitern seinen Schrecken verliert und Menschen über Fehltritte ohne Angst vor Abwertung sprechen können. Ein Raum, in dem wir Fragen wie diese stellen können:

- Woran merke ich, dass ich gerade in einem Umweg stecke – und nicht in einer Sackgasse?
- Wie kann ich aus einer Sackgasse gut herauskommen?
- Was lerne ich aus meinem Scheitern?
- Welche neue Richtung wird dadurch sichtbar?

Scheitern ist nicht das Gegenteil von Erfolg. Es ist Teil des Weges dorthin. Als Coaches können wir dazu beitragen, dass Menschen ihre Niederlagen als Sprungbrett für neue Wege und nicht als Endpunkt begreifen. Wir sollten eine Kultur des Scheiterns etablieren, die wie eine Fehlerkultur in Unternehmen behandelt wird.
Denn manchmal ist ein Umweg genau das, was wir brauchen, um dorthin zu kommen, wo wir eigentlich hinwollten.
Vielleicht lohnt es sich, sich hin und wieder bewusst zu fragen: Wann habe ich zuletzt etwas so richtig vergeigt – und was hat es mich gelehrt? ■

© privat

Marion Bredebusch
ist Coach, Trainerin und Speakerin mit 37 Jahren Erfahrung, davon 23 Jahre in selbstständiger Tätigkeit. Sie begleitet Führungskräfte, Teams und Einzelpersonen dabei, Resilienz, Selbstwirksamkeit, Klarheit und Selbstführung zu stärken – mit einem besonderen Gespür für das, was wirklich zählt. Mit ihrer flexiblen, methodisch abwechslungsreichen und empathischen Art gestaltet sie Seminare und Vorträge – besonders gerne an kraftvollen besonderen Orten –, die inspirieren und praxisnahe Impulse geben. Ihr Credo: #herzführt – denn nachhaltige Veränderung beginnt im Kern und bei der Führungskraft. Daher nennt sie sich Begleiterin für individuell gestaltete Transformationsprozesse mit Herz und für mehr Herz und Klarheit in Unternehmen und bei Privatpersonen.
www.herz-fuehrt.de

LITERATUR

Anne Koark: Zurück auf Start. Mein neues Leben nach der Insolvenz. Eichborn, Frankfurt 2010 (nur noch antiquarisch erhältlich)

DIE IDEENGESCHICHTE DES UNBEWUSSTEN

Eine historische Einordnung des Begriffs.

VON ALICA RYBA

Nach aktuellem Erkenntnisstand der Neurowissenschaften und der Psychologie wird das Erleben und Verhalten im Wesentlichen durch unbewusste und vorbewusst-intuitive Prozesse bestimmt. In dieser Beitragsreihe wird daher die Rolle des Unbewussten im Coaching beleuchtet. Der Begriff des Unbewussten taucht seit Jahrhunderten in Philosophie, Psychotherapie, Psychologie und auch im Coaching immer wieder auf. Dieser erste Beitrag ermöglicht zunächst eine historische Einordnung und gibt damit ein tieferes Verständnis sowie eine wichtige begriffliche Orientierung.

Philosophie

René Descartes (1596–1650), der Begründer der Bewusstseinsphilosophie, war ein bedeutsamer Philosoph. Er ging von einem Leib-Seele-Dualismus aus, also von der Idee, dass Körper und Geist strikt voneinander getrennt seien, was nach heutiger Auffassung nicht korrekt ist. Descartes vertrat die Ansicht, dass jede psychische Aktivität bewusst sei und es somit kein Unbewusstes gebe. Heute spricht man hier von Descartes' Irrtum, welcher jahrhundertelang zu einer Überbetonung des Bewusstseins und des rationalen Verstandes führte.
Gödde und Buchholz (2011) unterscheiden drei philosophische Traditionslinien des Unbewussten:

1. „Das kognitive Unbewusste"

Dieses Konzept geht auf die rationalistische Philosophie zurück und führt bis zur heutigen Kognitionspsychologie. In dieser Denktradition besteht die Annahme, dass mehr oder weniger unbewusste Prozesse existieren und eine besondere Wirksamkeit entfalten. Die Metapher vom Bewusstsein als Spitze des Eisberges stammt von Gustav Theodor Fechner (1801–1887).

2. „Das romantisch-vitale Unbewusste"

Ende des 18. Jahrhunderts entwickelte sich als Gegengewicht zur Aufklärung die Strömung des „Sturm und Drang", die später in die Romantik einmündete. Das Irrational-Gefühlshafte wurde nun wertgeschätzt. Diese Linie bereitete einen fruchtbaren Boden für den Magnetismus (siehe unten). Carl Gustav Carus (1789–1869) entwarf eine Psychologie des Unbewussten, die eine wesentliche Nahtstelle zwischen dem Magnetismus und der Tiefenpsychologie Freuds markiert. Eduard von Hartmanns (1842–1906) „Philosophie des Unbewußten" griff die romantischen Vorstellungen des Unbewussten systematisch auf. Hartmann schrieb damit einen Bestseller, der maßgeblich zur Popularisierung des Begriffs beitrug.

3. „Das triebhaft-irrationale Unbewusste"

Das Triebunbewusste stellt die dritte philosophische Traditionslinie dar. Ihre wichtigsten Vertreter waren Arthur Schopenhauer (1788–1860) und Friedrich Nietzsche (1844–1900). Ersterer vertrat die Annahme, dass der Mensch seiner bedrohlichen Triebnatur unterworfen ist. Für die Beziehung zwischen Wille und Intellekt stellte er die Metapher von Ross und Reiter auf, die bereits von Platon verwendet wurde. Freud nutzte dieses Gleichnis später, um das Verhältnis zwischen Ich und Es zu charakterisieren. Nietzsche orientierte sich zunächst an Schopenhauer, distanzierte sich in einer zweiten Phase jedoch von dessen metaphysischen Grundannahmen.

Psychotherapie und Psychologie

Das Konzept des Unbewussten hat sich in der *Psychotherapie* vor allem im Spannungsfeld zwischen Hypnose und Psychoanalyse entwickelt. Der geschichtliche Ausgangspunkt der modernen Psychotherapie ist ein Prozess gegen den populären Pfarrer Johann Joseph Gaßner (1727–1779). Dieser übte aus heutiger Sicht eine Art der „Selbstkontrolltherapie" aus, welche das Label „Exorzismus" trug. Franz Anton Mesmer (1734–1815), der damals als Gutachter für diesen Prozess hinzugezogen wurde, erklärte Gaßners Erfolge mit seinem eigenen Konzept des animalischen Magnetismus, welches er als naturgesetzlich positionierte. Nach seiner Theorie erfüllt ein physikalisches Fluidum das Universum, dessen ungleiche Verteilung im menschlichen Körper zu Krankheiten führt. Ziel seiner Therapie war es somit, das Fluidum mittels Luftstrichen auf die Patient:innen zu übertragen. Mit diesem Vorgehen versetzte er seine Patient:innen in einen hypnotischen Zustand, allerdings ohne dies zu wissen. Die Geschichte des Magnetismus und der Hypnose setzt sich fort bis hin zu Sigmund Freud. Dieser gilt heute fälschlicherweise als der „Entdecker" des Unbewussten. Sein Beitrag bestand jedoch vielmehr darin, das Unbewusste systematisch für die klinische Psychologie erschlossen zu haben. Mit Milton Erickson hat die Hypnose schließlich eine Renaissance erlebt, die auch stark in das heutige Coaching hineinwirkt. In der folgenden Tabelle sind die wesentlichen historischen Schlaglichter der Hypnose und Psychoanalyse erfasst.

Historische Schlaglichter der Hypnose und Psychoanalyse	
Strömung	**Erklärung**
Puységurismus (ab 1784)	Der französische Aristokrat Marquis de Puységur, ein Schüler Mesmers, machte 1784 die Entdeckung des Schlafwachens: Während der magnetischen Behandlung konnte sein Patient sich klar unterhalten, hatte später aber keine Erinnerung mehr daran. Aufgrund der Nähe mit dem Schlafwandeln (Somnambulismus), wurde dieses Phänomen bald als „künstlicher Somnambulismus“ bezeichnet.
Romantischer Somnambulismus (ab 1800)	Bei den Romantikern und Naturphilosophen fanden sowohl Mesmers Theorie als auch der Puységurismus Anklang. Diese nährten die Hoffnung, dass der menschliche Geist über einen sechsten Sinn in Kontakt mit der Weltseele treten könne.
Spiritismus (ab 1848)	Der ursprünglich aus Amerika stammende Spiritismus (lat. Spiritus = Geist), kam 1852 auch in Deutschland auf. In dieser Bewegung war die Beschwörung von Geistern zentral. Manche Kreise stellten eine Verbindung zum Magnetismus her, die zur Entstehung der Parapsychologie beitrug.
Braidismus (ab 1841)	Der schottische Augenchirurg James Braid (1795–1860) verwarf die Theorie des Fluidums und entwickelte die „Neurypnology“. In dieser Theorie wurden die hypnotischen Wirkungen auf hirnphysiologische Veränderungen zurückgeführt. Braid nutzte zunächst den Begriff „Hypnotismus“, der durch ihn später populär wurde.
Schule von Nancy (ab 1882)	Gerüchte über hypnotische Heilerfolge des französischen Landarztes Liébeault (1823–1904) erreichten Hippolyte Bernheim (1840–1919), der an der Universität Nancy Professor für Innere Medizin war. Die Schule von Nancy führte einen heftigen theoretischen Disput mit der Schule der Salpetrière, dessen Leitfigur der berühmte Neurologe Charcot war. Im Widerspruch zu Charcot war Bernheim der Auffassung, dass Hypnose kein pathologischer Zustand ist, der nur bei hysterischen Patient:innen auftritt, sondern diese auf der Wirkung der Suggestion beruht.
Die Schule der Salpetrière (ab 1870)	Jean-Martin Charcot (1825–1893) war ein berühmter Neurologe, der in der Salpetrière, einem Krankenhaus in Paris, arbeitete. Er nutzte Hypnose, um epileptische von hysterischen Krämpfen zu unterscheiden.
Pierre Janet (1859–1947)	Der Franzose Pierre-Marie-Félix Janet gilt als Wegbereiter der modernen dynamischen Psychiatrie. Er gelangte zu der Auffassung, dass sich in der Hysterie der Geist in verschiedene Bereiche spaltet, und stellte fest, dass dies in der Hypnose künstlich erzeugt werden konnte. Dafür prägte er den Begriff Dissoziation. Janet publizierte Fälle der kathartischen Heilung, bei der fixe Ideen wieder ins Bewusstsein gerufen und durchgearbeitet wurden. Auf seine Falldarstellungen bezogen sich Breuer und Freud in späteren Veröffentlichungen.
Freuds Abwendung von der Hypnose	Der Wiener Arzt Sigmund Freud (1856–1939) hat in der Zeit von 1885 bis 1886 vier Monate an der Salpetrière bei Charcot studiert, den er sehr bewunderte. Ein paar Jahre später (1889) ging er auch nach Nancy zu Bernheim. Gemeinsam mit dem Internisten Josef Breuer (1842–1925) führte er den Begriff der „kathartischen Methode“ ein. Freud fiel die Anwendung der Hypnose nicht leicht und er erzielte nur bedingt Erfolge mit ihr. So suchte er nach neuen Techniken und entwickelte schließlich die freie Assoziation und die Traumdeutung.
Autogenes Training (nach dem 1. Weltkrieg)	Auf der Basis von Arbeiten Oscar Vogts über „Selbsthypnose“ und eigenen Untersuchungen zum „hypnotischen Selbstbeobachten“, entwickelte der deutsche Arzt Johannes H. Schultz (1884–1970) das sogenannte „Autogene Training“.
Milton H. Erickson und die Renaissance der Hypnose (ab 1978)	In Deutschland erlebte die Hypnose 1978 mit dem Buch von Jay Haley *Die Psychotherapie Milton H. Ericksons* eine Renaissance, weil dieses die Kreativität und Effektivität von moderner Hypnotherapie darstellte. Erickson nutzte den Begriff des Unbewussten als eine positive Ressource. Damit kam es zu einem erneuten Bedeutungswandel, da der Begriff in der Psychoanalyse Freuds in Anlehnung an Schopenhauer und Nietzsche eine negative, bedrohliche Konnotation erhalten hatte.

Das Konzept des Unbewussten fand in der akademischen Psychologie relativ wenig Beachtung. Seit Ende der 1960er-Jahre untersucht die Kognitive Psychologie intrapsychische Vorgänge, die im Zusammenhang mit kognitiven Funktionen wie Wahrnehmung, Denken, Lernen und Gedächtnis stehen. Mit der Zeit wurde deutlich, dass unbewusste Prozesse eine wichtige Rolle spielen, die aber nur langsam anerkannt wurde. Durch die Neurowissenschaften wurde das Interesse an unbewussten Prozessen verstärkt. Forscher wie Antonio Damasio und Joseph LeDoux haben hier wichtige Beiträge geleistet.

Coaching

Im Coaching ist der Begriff des Unbewussten anscheinend mit Freud assoziiert (Turner, 2010). Manche verknüpfen ihn auch mit Hypnose. Von Storch (2009) und Bing et al. (2007) gab es erste Konzepte, die sich auf psychologische und neurowissenschaftliche Theorien zum Unbewussten stützen. Ryba (2018) hat eine Doktorarbeit zum Thema „Coaching und die Rolle des Unbewussten" mit Bezug zu aktuellen neurowissenschaftlichen Erkenntnissen verfasst. Damals und teilweise auch heute noch wird Selbstreflexion als zentrales Merkmal professionellen Coachings betrachtet, wodurch unbewussten Prozessen nur ungenügend Rechnung getragen wird. Auffällig ist, dass die Thematisierung von unbewussten Prozessen häufig die Frage aufwirft, inwiefern Coaching und Psychotherapie voneinander abgegrenzt werden müssen. Problematisch in diesem Zusammenhang ist die Ausbildungssituation von Coaches, welche ungenügend auf den Umgang mit unbewussten Prozessen vorbereitet. ■

© privat

Dr. phil. Alica Ryba
Diplom-Kauffrau, Senior-Coach (DBVC), Coachingausbilderin und Fachbuchautorin. Sie ist Entwicklerin des Scientific 3 Mind-Coachings, eines neurowissenschaftlich fundierten Coachinganatzes, der integrativ auf drei Gedächtnisebenen interveniert und die Beziehung als Wirkfaktor berücksichtigt. Bei Prof. Gerhard Roth hat sie zum Thema Coaching und die Rolle des Unbewussten promoviert. Ryba ist Inhaberin des Instituts für wissenschaftliches Coaching in Hamburg und bildet dort Coaches weiter.
www.alica-ryba.de

LITERATUR

Bing, M. N., Stewart, S. M., Davison, H. K., Green, P. D., McIntyre, M. D. & James, L. R. (2007). An integrative typology of personality assessment for aggression: Implications for predicting counterproductive workplace behavior. Journal of Applied Psychology, Vol. 92 (3), 722-744

Gödde, G. & Buchholz, M. B. (2011). Unbewusstes. Gießen: Psychosozial

Ryba, A. (2018). Die Rolle unbewusster und vorbewusst-intuitiver Prozesse im Coaching unter besonderer Berücksichtigung der Persönlichkeitsentwicklung des Klienten. Göttingen: Vandenhoeck & Ruprecht

Storch, M. (2009). Motto-Ziele, S.M.A.R.T.-Ziele und Motivation. In: B. Birgmeier (Hrsg.), Coachingwissen: Denn sie wissen nicht, was sie tun? (S. 185–208). Wiesbaden: VS Verlag

Turner, E. (2010). Coaches' views on the relevance of unconscious dynamics to executive coaching. Coaching: An International Journal of Theory, Research and Practice, Vol. 3 (1), 12–29

BYRON KATIE: LIEBEN, WAS IST

Wie eine tiefe Lebenskrise zu einer Methode führte, die weltweit Millionen inspiriert.

VON **BIRGIT FRANKE**

In den letzten beiden Ausgaben der Praxis Kommunikation haben wir *The Work* kennengelernt und erfahren, wie wir den kraftvollen Prozess selbst oder mit professioneller Unterstützung eines The-Work-Coaches zur Selbstbefreiung anwenden können. Zum Abschluss dieser Reihe geht es um den Ursprung der Erkenntnis und vor allem die Frau, die in ihren schwersten Stunden eine radikale Einsicht hatte: Byron Katie.

Byron Kathleen Reid wurde 1942 in Breckenridge in Texas geboren. Aufgewachsen in eher einfachen Verhältnissen, führte sie ein scheinbar normales Leben als Ehefrau, Mutter dreier Kinder und Geschäftsfrau mit einem kleinen Immobilienunternehmen in Kalifornien. Mit Anfang 30 litt sie unter schweren Depressionen, die schließlich in Selbstmordgedanken gipfelten. Die Symptome führten zum sozialen Rückzug und völligen Zusammenbruch ihres Alltags. Mit Anfang 40 konnte sie an vielen Tagen ihr Zimmer nicht mehr verlassen. „Ich konnte nicht mehr aufhören zu denken. Ich glaubte all meine Gedanken – und das war die Hölle“, erklärte Byron Katie später.

Transformierende Erkenntnis

Eines Morgens wachte sie auf dem Fußboden ihres Zimmers auf, als eine Kakerlake über ihren Fuß kroch – ein Moment, den sie rückblickend als Auslöser einer tiefgreifenden inneren Veränderung beschreibt. Byron Katie erkannte, dass die Ursache für ihre Depression nicht die Welt war, sondern ihre Überzeugung. Statt die Welt um sie herum so verändern zu wollen, wie sie ihrer Meinung nach sein sollte, begann sie, ihre Überzeugungen zu untersuchen, indem sie der Realität in jedem Augenblick so begegnete, wie sie wirklich war. „In dem Moment war da kein ‚Ich‘ mehr, kein Konzept, keine Geschichte. Es war völliger Frieden. Ich erkannte, dass, wenn ich meine stressvollen Gedanken nicht glaube, ich keine Probleme habe.“ Der psychische Schmerz schien sich in einem einzigen Augenblick aufzulösen. Nach dieser Erfahrung veränderte sich Byron Katies Verhalten grundlegend. Sie begann, die Realität mit einer neuen Klarheit wahrzunehmen und begann Fragen zu stellen, die den Ursprung des Leids untersuchen:

1. Ist das wahr?
2. Kannst du mit absoluter Sicherheit wissen, dass das wahr ist?
3. Wie reagierst du, was passiert, wenn du diesen Gedanken glaubst?
4. Wer wärst du ohne diesen Gedanken?

Frieden – der natürliche Zustand des Geistes

„Ich entdeckte, dass ich litt, wenn ich meinen Gedanken glaubte, aber dass ich nicht litt, wenn ich ihn nicht glaubte, und dass dies für jedes menschliche Wesen wahr ist. So einfach ist Freiheit. Ich habe entdeckt, dass Leiden freiwillig ist. Ich habe eine Freude in mir gefunden, die nie mehr verschwunden ist, nicht für einen einzigen Moment. Diese Freude ist in uns allen, immer." Denn der natürliche Zustand des Geistes ist Frieden, erklärt Byron Katie. In dem Moment, in dem wir beginnen, einen stressigen Gedanken zu glauben, scheint der Frieden zu schwinden. „Wenn ich mit der Realität streite, kann ich nur verlieren – und das in jedem einzelnen Fall." *The Work* ist kein positives Denken, kein spirituelles Pflaster, sondern ein Werkzeug, das selbst tiefsitzende Glaubenssätze wie „Ich bin nicht gut genug" oder „Ich wurde verletzt" an der Wurzel überprüft. Mit Byron Katies Methode findet eine Umwälzung unseres Denkens statt, und das mit radikaler Ehrlichkeit – vor allem sich selbst gegenüber: eine einfache, aber wirkungsvolle Methode zur Selbstbefreiung, die im Kern aus den vier Fragen und den sogenannten Umkehrungen besteht. Sie dienen als Einladung, den Gedanken ins Gegenteil der ursprünglichen Beurteilung zu kehren oder ihn auf sich selbst zu beziehen, um Gemeinsamkeiten zu erkennen, die wir mit der verurteilten Person gemein haben.

Byron Katie begann, ihre Methode zu teilen – zuerst mit Freund:innen, dann mit immer mehr Menschen. Seit 1986 hat sie *The Work* weltweit an Hunderttausende weitergegeben und gemeinsam mit ihrem Mann Stephen Mitchell und anderen Mitautor:innen mehrere Bücher verfasst, die in zahlreiche Sprachen übersetzt wurden. Ihre Bücher „Lieben was ist", „Ich brauche deine Liebe – ist das wahr?" oder „Eintausend Namen für Freude" wurden internationale Bestseller. Sie reiste um die Welt, gründete die „School for The Work" und erreichte Menschen sämtlicher Kulturen und Glaubensrichtungen. Dabei blieb ihre Botschaft immer dieselbe: Der Ursprung unseres Leidens liegt nicht in der Welt – sondern in unserem Denken über die Welt. Im Jahr 2000 bezeichnete das *TIME Magazine* Byron Katie als „eine spirituelle Wegbereiterin für das neue Jahrtausend". Seit 2000 ist *The Work* in den USA als Markenname geschützt, in Deutschland seit 2008. Byron Katie nimmt ihre Methode eher als Entdeckung und nicht als Erfindung wahr und leitet somit kein Copyright davon ab. Mit der Gründung des Verbands für *The Work of Byron Katie e.V. (vtw)* im Jahr 2009 nahm die Sichtbarkeit der Methode in Deutschland, Österreich und der Schweiz zu. In verschiedenen Ländern wurden mittlerweile zahlreiche Studien durchgeführt, in der wissenschaftlichen Forschung wird *The Work* als IBSR bezeichnet: Inquiry-based Stress Reduction, fragenbasierte Stressverminderung. Auf der Verbandsseite des vtw findet man einige Forschungsergebnisse, meist in Englisch verfasst: https://www.vtw-the-work.org/the-work/forschung/ibsr

Der Morgenspaziergang – eine Übung in Stille

Erlebe den Morgenspaziergang nach Byron Katie als perfekten Start in den Tag. Lies dir die kleine Achtsamkeitsübung durch und genieße die Natur um dich herum ganz bewusst – natürlich auch zu jeder Tageszeit. Der Morgenspaziergang braucht etwas Übung. Gar nicht so einfach, die Gedanken immer wieder einzufangen, aber mit der Zeit wird es besser. Fest versprochen! Ich wünsche dir viel Freude!

- Gehe in Stille. Während du gehst, betrachte alles um dich herum so, als hätte es keinen Namen.
- Sieh es dir an, als ob du es nie zuvor in deinem Leben gesehen hättest und du nicht weißt, was es ist.
- Während du gehst, beginne achtsam zu benennen, worauf deine Augen ruhen, so als wärst du Gott, der den Dingen zum allerersten Mal einen Namen gibt.
- Benutze nur Namen der „ersten Generation", z.B. Blume, Himmel, Schuh, Vogel ...
- Sowie du bemerkst, dass sich die Gedanken eine Generation weiter weg bewegen, z.B. „großer Hund", „kalter Morgen" oder „schöner Baum", bemerke das einfach.
- Halte behutsam inne, sei still.
- Kehre zurück zu einfachen, unkomplizierten Einwort-Namen der ersten Generation: Mann, Hund, Wolke ...

Der Morgenspaziergang ist Meditation.

Es geht um das Wahrnehmen.

Er ist eine Übung in Stille.

The Work ist keine Therapie und keine Religion, sondern ein radikaler Akt der Wahrheitssuche.

Freiheit liegt nicht im Außen

Heute lebt Byron Katie mit ihrem Mann Stephen Mitchell in Ojai in Kalifornien. Trotz ihres weltweiten Erfolgs tritt sie mit großer Demut auf. Sie sieht sich nicht als Lehrerin, sondern als jemand, der einen Weg gefunden hat, frei zu sein – und diesen mit den Menschen teilt. „Ich liebe, was ist – nicht, weil ich spirituell bin, sondern weil ich gelitten habe. Und wenn du genug gelitten hast, wirst du das auch tun." Byron Katie erinnert uns daran, dass der Weg zur Freiheit nicht im Außen liegt – sondern im ehrlichen Hinsehen nach innen. Ihre Meditationsform ist keine Therapie und keine Religion, sondern ein radikaler Akt der Wahrheitssuche. Oder wie Eckhart Tolle, Autor des Bestsellers „Jetzt! Die Kraft der Gegenwart" beschreibt: „*The Work* von Byron Katie ist ein großer Segen für unseren Planeten. Die Ursache, die all unserem Leiden zugrunde liegt, ist unsere Identifikation mit unseren Gedanken, den ‚Geschichten', die andauernd in unserem Verstand kreisen. *The Work* wirkt wie ein rasierklingenscharfes Schwert, das diese Illusion durchtrennt und uns ermöglicht, die zeitlose Essenz unseres Wesens zu erfahren. Nun können Freude, Friede und Liebe unserem natürlichen Zustand entströmen." Mit vier einfachen Fragen stellt Byron Katie unser ganzes Denken auf den Prüfstand und lädt uns ein, etwas Ungeheures zu wagen: Den eigenen Gedanken nicht blind zu glauben.

Website des Verbandes in Deutschland: www.vtw-the-work.org
Offizielle Website von Byron Katie: thework.com

© Manfred Daams

Birgit Franke hat ihr Leben lang ihren Vater gesucht, ohne Informationen darüber zu haben, wer er ist. Auf dem Weg ist die gelernte Journalistin und Werbetexterin vielen Methoden begegnet und lernte sie von der Pike auf. Sie leitet seit über 20 Jahren verdeckte Aufstellungen, ist Emotional Freedom Techniques Practitioner (EFT, Klopfakupressur), Coach für *The Work of Byron Katie*, lernt das Neuro-Coaching bei Tanja Klein und ließ sich zum Systemischen Coach zertifizieren, um für andere Menschen da zu sein.
https://wer-bist-du-baby.de

Coachin
für The Work of Byron Katie
vtw

Zwischen Karte und Kompass

„Wenn wir (im Kopf, *Anmerkung H. L.*) navigieren, bewegen wir uns nach Landkarten. Um es präziser auszudrücken, ist das Langzeitgedächtnis deshalb nicht nur ein Archiv, sondern ein Archiv für unsere Landkarten“ schreibt Michel Reimon. Der Autor nimmt uns mit auf eine Reise durch diese Landkarten und stößt mit uns immer wieder auf „Kreuzungen“, an denen Entscheidungen zu treffen sind.
Da unser Arbeitsgedächtnis nur in der Lage ist, rund sieben Informationen gleichzeitig zu verarbeiten, versucht unser Denkapparat ständig, die eingehenden Informationen zu kartografieren. In vielen Fällen folgt er dabei der Regel: „Kenne ich, kenne ich nicht“ und schließt daraus die Regel „Wenn ..., dann ...“.
Um bei unseren Kommunikationspartner:innen starke Signale zu setzen, sollten wir möglichst nah an deren mentalen Landkarten arbeiten. Dafür ist es hilfreich, diese Landkarten gut zu kennen. „Datensammler“ wie Amazon, Facebook & Co. machen uns das vor: individualisierte Angebote statt Hauswurfsendungen versprechen höhere Verkaufserfolge. Der Autor bietet uns dafür eine kurze Formel an: Ist die Erwartung höher oder gleich dem Anspruch, entscheiden wir uns für einen Weg. Dabei müssen wir nicht alle Konsequenzen, mit denen wir zukünftig zu rechnen haben, exakt kennen. Die Formel „Pi mal Daumen“ hilft in den meisten Fällen sehr gut weiter, um handlungsfähig zu bleiben: Sie ist „die Formel unseres Lebens“ meint der Autor. Über die fünf Stufen der Erkundung bewegen wir uns durch die Landschaft da draußen: Wahrnehmen, Beobachten, Nachsehen, Suchen und Erstellen. Diese fünf Stufen sind so etwas wie der Maßstab, mit dem wir in der Landschaft unterwegs sind. Aber Achtung: Die mentale Landkarte ist nicht die Landschaft! Der Mensch ist nicht in der Lage, die „objektive Wirklichkeit“ zu erkennen. Erstens bekommt unser Gehirn diese Komplexität nicht bewältigt, zweitens ist es für die Kommunikation nicht notwendig. Die Bedeutungsgebung ist die relevante Größe bei der Navigation.
Reimon liefert eine spannende Lektüre, deren Hauptaussagen er in „Chunks“ zusammengefasst hat. Viele Leser:innen werden sicherlich immer wieder die NLP-Glocken im Hintergrund hören.

Horst Lempart ◂

Starke Signale
Systemische Kommunikation, die zum Ziel führt
Michel Reimon
Carl-Auer-Verlag, Heidelberg 2025. | 27,95 €

Altern

Elke Heidenreich

Hanser, Berlin 2025. | 20,00 €

„Altern" ist ein persönlicher, lebenskluger und humorvoller Essay über das Älterwerden. Mit 81 Jahren blickt Elke Heidenreich zurück und fragt sich: „Was macht das jetzt mit mir, das Alter?" Sie beginnt mit einem „Was wäre, wenn", mit zwei konträren Lebensläufen: einem pessimistischen und einem optimistischen. Es hätte so ausgehen können, aber auch anders: Alles eine Frage der Haltung!

Heidenreich sieht das Alter als unabänderlich und unaufhaltsam. Sie altert, ohne ihre Persönlichkeit an den von der Gesellschaft gern vorgegebenen Altersbegriff zu opfern, der ältere Menschen oft abschreibt und mit mangelnder Leistungsfähigkeit, Gebrechen, seniler Halsstarrigkeit und Langsamkeit assoziiert. Heidenreich fordert, das Alter als natürlichen Teil des Lebens zu akzeptieren und zu würdigen und plädiert für Gelassenheit und Dankbarkeit.

In ihrem Buch kombiniert Heidenreich persönliche Erlebnisse mit literarischen und philosophischen Reflexionen. Sie zitiert zahlreiche Schriftsteller:innen vom römischen Reich bis in die Neuzeit und zeigt, dass sich die Gedanken über das Älterwerden über die Jahrhunderte hinweg kaum verändert haben. Was immer wieder durchklingt, ist, dass zufriedenes und würdevolles Altern – ganz abgesehen von gesundheitlichen Faktoren – durchaus auch mit dem Bildungsniveau, dem Zugang zu Ressourcen und den finanziellen Gegebenheiten eines Menschen zusammenhängt. Ein Impuls, bereits in jüngeren Jahren – auch im Hinblick auf persönliche Werte – darüber nachzudenken, wie das eigene Altern gelingen kann.

„Altern" ist kein Ratgeber und kein Jammerbuch über verpasste Chancen. Ein belehrender Ton fehlt dem Buch glücklicherweise ganz. Mit ihrem Buch zeigt Heidenreich, dass das Alter nicht das Ende, sondern ein neuer Anfang sein kann. Und das ist doch eine positive Aussicht. Simone Scheinert ◂

Wenn das Kind in dir noch immer weint

Wie du die alten Wunden endlich heilst

Melanie Pignitter

Gräfe & Unzer, München 2024. | 19,99 €

Ein sensibel gestaltetes Arbeitsbuch, das sich intensiv mit der Heilung des inneren Kindes auseinandersetzt. Melanie Pignitter, die für ihre Expertise in den Bereichen Selbstliebe und Mentaltraining bekannt ist, verbindet fundierte psychologische Ansätze mit alltagsnahen Übungen, um Leser:innen auf ihrem Weg zur emotionalen Selbstheilung zu unterstützen.

Das Buch ist klar und übersichtlich strukturiert. Jedes Kapitel vermittelt theoretische Grundlagen und ergänzt diese durch praktische Anwendungen. Besonders prägnant sind die sogenannten „Healing to go"-Übungen – leicht umsetzbare Impulse, die helfen, Kontakt zum inneren Kind aufzunehmen und emotionale Verletzungen anzusprechen. Diese Übungen lassen sich unkompliziert in den Alltag integrieren und ermöglichen einen achtsamen, heilenden Dialog mit sich selbst. Die Autorin schreibt einfühlsam und schafft eine vertrauensvolle Atmosphäre.

Auch wenn das Buch keine professionelle Begleitung ersetzt – insbesondere bei tiefsitzenden Kindheitserfahrungen oder belastenden Glaubenssätzen – bietet es wertvolle erste Denkanstöße zum Thema „Nachbeelterung". Es lädt (u. a. auch mit per QR-Code abrufbaren Audios) dazu ein, alte Wunden zu erkennen, neue Sichtweisen zu entwickeln und behutsam die eigene Heilungsreise zu beginnen. Simone Scheinert ◂

ANNA BASSE

Nimmt man die Chance aus der Krise,
wird sie zur Gefahr.
Nimmt man die Angst aus der Krise,
wird sie zur Chance!
(Volksweisheit)

Anna Basse ist zertifizierte systemische Coach für Führungskräfte und Teams. Sie begleitet Unternehmen, Führungskräfte und Teams in Krisensituationen im Unternehmen und bietet Wege zu neuen Perspektiven.

Individualisiertes, werteorientiertes Führungskräfte- und Team-Coaching und maßgeschneiderte Workshop-Programme unterstützen Sie auf dem Weg zum optimalen Erfolg.

abc Anna Basse Consulting ist Ihr strategischer Partner für eine ziel- und werteorientierte Entwicklung mit Perspektive und Intuition.

abc Anna Basse Consulting
Am Kaltenborn 23
61462 Königstein
ab@anna-basse-consulting.de
WWW.ANNA-BASSE-CONSULTING.DE

DIRK W. EILERT

Seine Leidenschaft für die Wissenschaft der Emotionen hat ihn zu dem gemacht, der er heute ist. Dirk Eilert ist Wirtschaftspsychologe, Keynote-Speaker und Bestsellerautor. Er ist der Begründer von drei innovativen emotionsfokussierten Ansätzen: Mimikresonanz®, emTrace® und Mesource®.

Er leitet die Eilert-Akademie in Berlin, an der Emotionscoaches und Trainer in emotionaler Veränderungsarbeit, Resilienzstärkung und nonverbaler Wahrnehmung ausgebildet werden – stets orientiert an der aktuellen Forschung.

Eilert-Akademie
The Science of Emotions
Frieda-Arnheim-Promenade 14
D-13585 Berlin
Tel. 030 166 369 62–0
INFO@EILERT-AKADEMIE.DE
WWW.EILERT-AKADEMIE.DE

BIRGIT FRANKE

Zert. System. Coach, über 20 Jahre Leiterin verdeckte Aufstellungen, Coach for The Work of Byron Katie, EFT – Emotional Freedom Techniques-Practitioner, Astrologin

„Wer bist Du, Baby?" ist das ganzheitliche zertifizierte Coaching in Köln, um wieder in die eigene Kraft, Selbstwirksamkeit und Leichtigkeit zu kommen. Mit wirkungsvollen Tools unterstützt Birgit Franke nachhaltig online oder in Präsenz dabei, Alltags-Challenges aus eigener Kraft zu meistern, Potentiale zu entfalten und Glaubenssätze aufzulösen.

SCHWERPUNKTE:
- Verdeckte Aufstellungen
- The Work of Byron Katie
- EFT – Emotional Freedom Techniques
- Astrologie

Wer bist Du, Baby?
Birgit Franke
M: 0178 8826450
info@wer-bist-du-baby.de
WER-BIST-DU-BABY.DE

ANTJE HEIMSOETH

Zert. Business- & Mental Coach, mehrfach ausgezeichnete Keynote-Speakerin. Bei Managern und Medien gilt sie als „renommierteste Motivationstrainerin Deutschlands" (FOCUS). Gastrednerin an Universitäten. Ende 2019 wurde sie zum Senat der Wirtschaft berufen und so Teil eines exklusiven Kreises von Persönlichkeiten aus Wirtschaft und Wissenschaft. Mit ihren 13 Büchern und Vorträgen hat Sie über 850.000 Menschen erreicht.

Sie leitet die Heimsoeth Academy in Rosenheim. An dieser gibt es verschiedene zertifizierte Ausbildungen wie Mental Coach (ECA), Sport Mental Coach (ECA), Mental Health Coach und die Weiterbildung „Redner werden – Sicher präsentieren".

Heimsoeth Academy
M +49 (0) 171 6163194
info@antje-heimsoeth.de
WWW.HEIMSOETH-ACADEMY.COM
WWW.ANTJE-HEIMSOETH.COM

TRAINERPROFILE

KARIN KIESELE

Business Coaching in Berlin und Umgebung.
Führungskräfteentwicklung.
Karriereplanung.
Berufsorientierung.

Coaching und Training für Menschen, die sich beruflich festigen und orientieren möchten, oder den nächsten Karriereschritt planen.

Umfangreiche Expertise aus Theorie und Praxis:
20 Jahre Führungserfahrung, über 6000 geleistete Coachingstunden und Spezialisierung auf Berufliche Kommunikation und Leadership-Themen.

Worte & Taten
Karin Kiesele
Herbergerweg 10
14167 Berlin
030 / 797 41 34
mail@karin-kiesele.de

WWW.KARIN-KIESELE.DE

ANDREA LANDSCHOF

Expertin für Transaktionsanalyse & Talententwicklung

Sie leitet das Beraterwerk Hamburg, das sich auf die berufliche (Neu-)Orientierung sowie die Weiterbildung von Coaches und Beratern auf Basis der Transaktionsanalyse spezialisiert hat.

Andrea Landschof, Ausbilderin, Lehrcoach und Autorin, inspiriert seit über 25 Jahren Menschen mit ihren Impulsen zu beruflichem Wachstum und Erfolg.

BERATERWERK HAMBURG
LANDSCHOF

Beraterwerk Hamburg
Andrea Landschof
Rappstr. 2
20146 Hamburg
Tel.: 040 769 017 55
Mail: Beraterwerk-Hamburg@email.de

WWW.TRUE-TALENTS-ACADEMY.COM
WWW.BERATERWERK-HAMBURG.DE

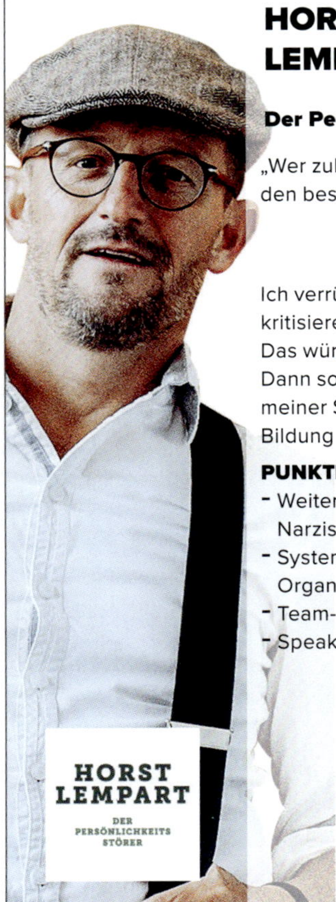

HORST LEMPART

Der Persönlichkeitsstörer

„Wer zuletzt lacht,
den bestraft das Leben."

„Wer zu spät kommt,
lacht am besten."

Ich verrücke, enttäusche, lamentiere, kritisiere und störe.
Das würde Sie nicht stören?
Dann sollten wir uns in einem meiner Seminare kennenlernen.
Bildung war gestern. Ein-Bildung ist alles.

PUNKTE, DIE MIR LEICHT FALLEN:

- Weiterbildungen zum Thema Narzissmus, Kränkungen und Change
- Systemische Team- und Organisationsentwicklung
- Team- und Einzelsupervisionen
- Speaker

Horst Lempart
Der Persönlichkeitsstörer
Südallee 60
56068 Koblenz
Tel.: 0179 4731956
info@horstlempart.de

WWW.HORSTLEMPART.DE

MIA QUICK

Als Expertin und Leiterin der Ausbildung zum KI-assistierten Coach an der Eilert Akademie bringt Mia Quick die Potenziale der Künstlichen Intelligenz in die Coachingpraxis. Dabei gestaltet sie die Schnittstelle zwischen Emotionscoaching und Technologie mit einer klaren Vision: KI als Assistenten zu etablieren, der Coaches entlastet und ihnen ermöglicht, sich noch mehr auf das Wesentliche zu konzentrieren – den Menschen.

Sie kombiniert ihre Erfahrung aus dem IT-Management (M.A.) mit ihrer Qualifikation als KI-Trainerin und emTrace®-Mastercoach. Ihr Fokus: KI gezielt einsetzen, um Coachingprozesse effizienter zu gestalten und gleichzeitig Raum für mehr Menschlichkeit und Empathie zu schaffen.

Eilert-Akademie
The Science of Emotions
Frieda-Arnheim-Promenade 14
D-13585 Berlin
Tel. 030 166 369 62–0

MIA.QUICK@EILERT-AKADEMIE.DE
WWW.EILERT-AKADEMIE.DE

SEMINARE UND AUSBILDUNGSANGEBOTE

Stärker als du glaubst: Das achtsamkeitsbasierte Online-Coaching-Programm bei Depressionen

Du hast keine Lust mehr, noch länger unter Gedankenterror und Gefühls-Chaos zu leiden?

Depression und emotionaler Stress haben viel damit zu tun, wie du mit deinen Gedanken und Gefühlen umgehst. Kurzfristige Lösungen helfen hier nicht weiter. Die Praxis der Achtsamkeit zeigt dir einen bewährten, systematischen Weg aus innerem Stress und chronischer Unzufriedenheit.

In 12 Wochen zu einem neuen Mindset!

- Finde heraus, was dich in innerer Unfreiheit hält und ändere es
- Entwickle eine neue Beziehung zu dir selbst
- Freue dich auf geistige Klarheit und emotionale Stabilität

Erlebe tiefe systematische Selbsterkenntnis und Transformation durch intensive Videos, Anleitungen zur Selbstreflexion, gezielte Achtsamkeitsmeditationen und -übungen, Live-Coachings und Austausch mit Gleichgesinnten.

Jetzt buchen unter: https://doriskirch.com

Doris Kirch
Achtsamkeit &
buddhistische Psychologie
doriskirch.com

Beratung in Bewegung – Coaching und Therapie in der Natur Live-Webinar mit Eva Istas

Was macht die Natur so besonders, dass sie Menschen auf allen Ebenen bewegt – körperlich, emotional und mental? Dieses Webinar zeigt, wie Bewegung in der Natur neue Möglichkeiten für Coaching und Therapie eröffnen und die eigene Arbeit bereichern kann.

- Wissenschaftliche Einblicke, die die förderliche Wirkung von Natur und Bewegung belegen.
- Praktische Übungen, die direkt ausprobiert und in die eigene Arbeit integriert werden können.
- Konkrete Impulse, wie Beratung in Bewegung einfach und sicher umgesetzt werden kann.
- Mischung aus Wissen, Praxis und Raum für eigene Fragen.

Termin: Freitag, 11.07.2025, 10:00–11:30 Uhr
Ort: Livestream auf Vimeo
Zugang: Versand des Zugangslinks erfolgt am Tag vor dem Event
Kosten: 49,00 € (inkl. MwSt.)

PlanetPsy

PlanetPsy
www.planetpsy.de

Innere Ordnung und Leichtigkeit – Eine hypnosystemische Impacttechnik zur Stabilisierung Live-Webinar mit Ina Hullmann

Oft fühlen wir uns von äußeren Anforderungen und inneren Gedankenkarussellen überwältigt. In diesem Webinar lernen Sie eine wirkungsvolle hypnosystemische Impact-Technik, um Ihre innere Ordnung zu stabilisieren und sich schnell zu zentrieren – mit Leichtigkeit. Was Sie erwartet:
Lernen Sie mit der „Mentalen Kommode", innere Strukturen so auszurichten, dass diese Sie in Ihrem Alltag stärken. Erfahren Sie, wie Sie aus problematischen Gedankenspiralen aussteigen und Ihre Ressourcen gezielt aktivieren. Erkennen Sie, was Sie aus dem Gleichgewicht bringt – und entwickleln Sie individuelle Lösungen.

Mit Übungen und Impulsen gewinnen Sie Kraft, um in herausfordernden Zeiten Klarheit und innere Balance zu bewahren.

Termin: Donnerstag, 17.07.2025, 15:00–16:30 Uhr
Ort: Livestream auf Vimeo
Zugang: Versand des Zugangslinks erfolgt am Tag vor dem Event
Kosten: 49,00 € (inkl. MwSt.)

PlanetPsy

PlanetPsy
www.planetpsy.de

IM NÄCHSTEN HEFT

04 | 2025

SCHWERPUNKT

People Pleasing. Der stille Druck, es allen recht zu machen

Warum haben viele Menschen Angst, Nein zu sagen und ihre Grenzen zu kommunizieren? People Pleasing ist oft ein lebenslanges Thema, bei dem man sich immer wieder ärgert, wenn man ausgenutzt und manipuliert wird. Wie können People Pleaser mehr Selbstwertgefühl aufbauen und stärker für sich einstehen?

THEMEN

Gefangen im Gefallen-Wollen

Erlernte Muster durchbrechen: *Anne Krämer* zeigt, wie Genogrammarbeit und familienbiografisches Coaching familiäre Verstrickungen und über Generationen wirkende Verhaltensweisen sichtbar machen können.

Strahle in deiner eigenen Farbe!

Menschen, die unter dem Impostor-Syndrom leiden, sind überzeugt, ihren Erfolg nicht verdient zu haben. Dieses Phänomen führt zu einem Teufelskreis aus Selbstzweifeln und übermäßiger Anstrengung. *Ruth Maria Mattes* gibt Tipps für mehr Selbstbestimmung.

Emotionen als Erfolgsfaktor

Nach der Broaden-and-Build-Theorie sind positive Emotionen der Nährboden für persönliches Wachstum. Wie Führungskräfte in ihrem Umfeld ein Milieu kreieren, in dem ihre Mitarbeiter:innen immer wieder Momente des Glücks und der Zufriedenheit erfahren, erklären *Elke Katharina Meyer, Frank Nesemann* und *Thomas Achim Werner.*

Heft 4/2025 erscheint am 28. August 2025.
Anzeigenschluss für Heft 4/2025 ist der 25. Juli 2025.

IMPRESSUM

Chefredaktion:
Simone Scheinert (V.i.S.d.P.)
E-Mail: redaktion@junfermann.de

Social Media-Redaktion: Xenia Jörn

Bildredaktion:
Simone Scheinert, Monika Köster

Anzeigen:
Simone Scheinert
Tel: 05251 134423
E-Mail: scheinert@junfermann.de
Monika Köster
Tel: 05251 134414
E-Mail: koester@junfermann.de

Aboverwaltung:
Leserservice Praxis Kommunikation
Telefon: +49 (0) 89/8 58 53 – 842
Fax: +49(0) 89/8 58 53 – 888
praxis-kommunikation@cover-services.de
c/o Cover Service GmbH & Co. KG
Hanns-Klemm-Straße 1A, 71034 Böblingen

Verlag:
Junfermann Verlag GmbH
Driburger Straße 24d
D-33100 Paderborn
Tel: 05251 1344-0
Fax: 05251 1344-44
E-Mail: infoteam@junfermann.de
www.junfermann.de
www.pkmagazin.de

Layout & Satz:
Junfermann Druck & Service GmbH & Co KG, Paderborn
Druck:
mediaprint solutions GmbH
33100 Paderborn

MIX
Papier | Fördert gute Waldnutzung
FSC® C084279

Praxis Kommunikation
11. Jahrgang
erscheint 6x jährlich, jeweils Ende der geraden Monate

Gültige Abopreise Stand 01.01.2023:
Jahresabonnement € 68,00
(inkl. Versandkosten)
Einzelheft € 13,50 (inkl. Versandkosten)
Studentenabonnement (gegen Nachweis):
€ 52,00 (inkl. Versandkosten)

Gültige Anzeigenpreisliste vom
1. Januar 2025
ISSN 2364-6802

Bilder von istockphoto, Adobestock, shutterstock und pixabay:
imaginando, Marco Montalti, Anders Riishede, ALLVISIONN, YORGI, VAWiley, EyeEM Mobile GmbH, Carlo Prearo, Nikand4, Filippo Bacci, william87, Eoneren, chanakon laorob, Moor Studio, Farknot_Architect, agus firtriyanto, malvenok99, Deagreez, arcoss, thework.com, ariya j, Lili Graphie, ELG21, Viktor, KRISTINA KUPTSEVICH, DimaBerlin, CSA Images